＼困ったら迷わず活用／

さあ、生活保護を受けましょう！

外場あたる
sotoba ataru

唯学書房

はじめに

新聞の社会面の片隅に、「会社倒産を苦に一家四人無理心中」「失業を苦に自殺」といった記事を見かけます。そんな記事を読むにつけ、なぜに「最後のセーフティーネット」といわれる生活保護を受けようと考えなかったのかと、私はつくづく思ってしまいます。

「生活保護を受けるくらいなら、死んだほうがまし」と思っていたのか、生活保護制度が身近にあるということが念頭になかったのでしょうか。確かに生活保護を受けることを「恥」と感じ、生活保護を身近なものとして感じていない、別世界のこととして思っている人は多いかもしれません。

世に生活保護に関する「ＨＯＷ ＴＯ」本は少なくありませんが、それらは書き手が生活保護の複雑な法令・規則にとらわれすぎて、結果的に難解な説明に終始してしまっています。まして、大学で教えられている公的扶助の授業などでは、生活保護の受給当事者を、論外として扱っています。

私は、生活保護に関わる仕事に二〇年間携わってきました。本書は、生活に行き詰まった友人・知人に、生活保護制度についてたずねられたら、「私ならこんなふうに大ざっぱに説明するだろうな」ということを想定してまとめました。①生活保護は正当な「権利」であり、何ら恥ずべきではないこと、②生活保護の申請はさほど難しくないことなどをわかりやすく記述したつもりです。

「生活に行き詰まってどうしようもない」「いざというときのために生活保護制度のことを知っておきたい」という人のための、最良の書であると自負しています。また、新人ケースワーカーや将来生活保護に関わる仕事をしてみたいという学生にとって、よき参考書にもなると思います。

ぜひ、ご一読いただければ幸いです。

外場あたる

目次

はじめに　3

序章　生活保護は身近にある権利です　13

第1部　生活保護の基礎知識

第1章　保護要件さえあれば、誰でも簡単に受けられる生活保護　19

1　生活保護の門は大きく開かれています　19

2　福祉事務所が恐れていること　20

3 あなたも保護を受けられるのでは？ 22
4 母子家庭のお母さん、がんばりすぎないで！ 24
5 保護を受けられないとされる人々 25

第2章 生活保護制度のあらまし 27

1 どんな人が生活保護を受けられるの？ 27
2 保護を受けられるかどうかの基準 29
3 相当の資産があれば、保護を受けられないことがあります 34
4 いざ、保護の申請へ 41
5 保護申請から保護決定までの流れ 44

第3章 保護者の義務 49

1 福祉事務所の「指示」「指導」に従う義務 49
2 働けばゆとりのある生活ができます！ 51
3 病気療養に専念する義務 55

4 保護者の医療について 56
5 あらゆる収入を申告する義務 58
6 ケースワーカーの家庭訪問 60
7 その他の義務 63

第2部 生活保護を上手に活用しよう！

第4章 知って得する「一時扶助」 69

1 期末一時扶助 70
2 「住宅維持費」の一時扶助 70
3 「被服費」の一時扶助 72
4 「医療」の一時扶助 73
5 その他の一時扶助 73

第5章　保護者の子どもの教育　77

1　乳幼児は幼稚園よりも保育所が優先されます　77
2　小・中学生は原則公立学校です　78
3　高校は公立校に進学できるよう努力せよ　78
4　高校卒業後、就職した青年に幸あれ！　81
5　大学などへ進学した青年に光あれ！　82

第6章　生活保護と介護保険制度　85

1　介護保険制度のあらまし　85
2　介護サービスを受けるには　86
3　保護者の介護制度　88
4　在宅生活が困難になった保護者の処遇　89
5　ケースワーカーとケアマネージャーとの連携　92

第7章 障がい者「問題」と生活保護 95
1 身体障がい者は「気の毒な人」？ 96
2 精神障がい者は怖い？ 97

第3部 ケースワーカーからのアドバイス

第8章 ケースワーカーとうまくつき合いましょう 103
1 ケースワーカーってどんな人？ 104
2 ケースワーカーの担当保護件数 106
3 意味のない「扶養照会」 108
4 年度末、仕事に追われるケースワーカー 110
5 問われるケースワーカーの人権感覚 111
6 ケースワーカーの天敵「監査」 114

7 ケースワーカーのさまざまな訪問先 117
8 「自立」（保護廃止）しよう！ 119
9 保護申請に要保護者と同行して来る人々 120
10 市民からの通報 123
11 福祉事務所と医療機関との関係 124

第9章 お金のかからない余暇の過ごし方 127

1 タダで健康になれる「散歩」 128
2 お金がかからず知見を広げる読書 128
3 俳句をしてみませんか 129
4 野趣あふれる花々に囲まれて 130
5 「広報誌」をまめに見ましょう 131
6 無料の昼食付き見学会に参加しましょう 131
7 住宅展示場のイベントに参加しましょう 132
8 裁判の傍聴などいかがでしょうか 132

9 家にいて旅行気分が楽しめる 133
10 競馬の予想を楽しむ 134
11 無料でレンタルDVDを楽しもう 135

第10章 「現役保護者」との対談 137

終章 私自身のこと 145

1 保護受給に至るまで 145
2 喀血して結核療養所へ入院 147
3 貧乏人の子は両極端に走る 148
4 夜間大学へ進学 150
5 公務員となって 151

おわりに——厚生労働省の「扶養照会」の見直しをめぐって 153

序章

生活保護は身近にある権利です

生活保護（以下、「保護」と略します）は、憲法二五条「すべて国民は、健康で文化的な最低限度の生活を営む権利を有する」にもとづいて、金銭的に生活に困った人の生活を救済する、社会保障の「最後のセーフティーネット」ともいわれる、国民が享受できる立派な「権利」です。

保護というと、「暗い」「他人に知られると体裁が悪い」「受ければ、何かわずらわしいことがあるんじゃないか」などと思っている人も多いかもしれません。しかし国民の「権利」なのですから、何ら恥じることはありません。「これまで納めてきた税金を返してもらうだけ」「年金をもらうのと同じ」と考えていいのです。「権利」であるがゆえに、相応の「義務」を負うのですが（第3章で詳述）、ごく常識的な程度のものなので心配する必要はありません。

生活保護費は、大都市部の一人住まいの人で、月額一二万円弱程度（八万円弱＋家賃〔上限額四万円以下の実費〕）をもらっています。その金額が多いか少ないかは、論議が分かれるところでしょう。私の実感としては、「健康で文化的な最低限度の生活を営む権利」のうち、生活保護受給者（以下、「保護者」と略します）の医療費は無料ですので、「健康」な生活は保障されていますが、食べていくのが精一杯で「文化的な」生活ができているとはいえないと感じます。私は保護者に、「趣味はありますか？」とたずねていましたが、「趣味は金がかかる」との回答が大半で、多くの人はテレビを見て過ごしていました。

憲法二五条の冒頭に、「すべて国民は」とあります。法的にいうと、外国人は保護を受けることはできませんが、外国人の保護者は少なくありません。外国人については「人道上の見地から」保護を準用するとされており（厚生省「五四年通知」）、日本人と同様に保護を受けています。

外国人の保護者は、在日韓国・朝鮮人が大半を占めます。過去の歴史において、祖国から強制連行されてきたこと、祖国で仕事を奪われ来日せざるをえなかったこと、国民年金に加入できない時期があったこと、民族差別によって真っ当な仕事に就けなかったことからして、国の責任において保護を受けることは、在日の人々にとっては当然の「権利」と解釈しえます。

外国人は、福祉事務所の決定に不服があるときに、行政不服審査請求ができません。ただ日本人は、行政不服審査の却下決定を経なければ訴訟できませんが（「審査請求前置主義」）、外国人はストレートに裁判所へ訴訟を起こすことができるというメリットがあります。

「はじめに」でも記したように、新聞の社会紙面で「会社倒産を苦に一家四人無理心中」「失業を苦に自殺」といった記事を見るにつけ、なぜ死ぬ前に福祉事務所に相談しなかったのだろうとつくづく思います。いざというときのためにも、保護制度が身近にあるということを知っておいてほしいものです。

第1部

生活保護の基礎知識

第1章 保護要件さえあれば、誰でも簡単に受けられる生活保護

1 生活保護の門は大きく開かれています

生活に窮乏し、「生活保護」（以下、「保護」と略します）という言葉は知っていても、はたして「自分は保護を受けられるのだろうか」とためらっている人は多いはずです。かつては、確かに福祉事務所へ保護の相談に行っても、何かと注文をつけられ門前払いということはよくありました。二〇〇八年ごろ、一〇〇年に一度といわれた大不況時代に、「派遣切り」が横行し大きな社会問題となりました、そのとき、「最後のセーフティーネット」といわれる保護制度が、十分に機能していないのではないかということが問わ

れました。それ以後、保護受給のハードルは大幅に低くなっています。

たとえば二〇歳代の若年者では、派遣切りや失業によって困窮していても、「自分は病気でもないし、働けるのだから保護受給できないのではないか」と思っている人は多いはずです。確かに、かつては「稼働年齢層」（一六～六四歳）の人が福祉事務所へ保護の相談に来ても、特段の病気・障がいがないかぎり「職安（今のハローワーク）へ行って相談してください」と「助言」され、追い返されていました。「面接員」（最初に相談を受けつけて保護申請を受理する職員）は、いかに保護申請を受理しないかがその力量として問われました。しかし近年では、一定の「保護要件」（27ページ参照）さえあれば、保護申請は受理されるようになりました。

② 福祉事務所が恐れていること

かつての悪名高き北九州市の福祉事務所では、「水際作戦」と称して、いかに保護申請を受理しないで申請者を保護申請の手前でくい止めるかに力を入れていました。新任の係長級の職員が面接員をやり、保護申請受理率が低い新任係長が「優秀な人材」として高く人事評価され、将来の出世に大きな影響を与えていました。保護申請を不受理とし、行政不服審査されようが訴訟を起こされようが一向にかまいません。「その対処に要する費用や労力よりも、保護受給者を増加させるほうが費用と労力を要する」とまで、市の幹部はうそぶいていたとも聞いています。

二〇〇六年四～五月の間に、北九州市門司区で三人の餓死者が出た「門司餓死事件」がありました。そのうちの一件は七八歳の母と四九歳の長女が餓死し、もう一件は五六歳の男性が餓死した事件です。とりわけ五六歳の男性の餓死は、二度も福祉事務所へ保護の相談に行ったにもかかわらず、親族に援助してもらうよう助言されただけで、保護申請が受理されなかった結果でした。

事件がマスコミにも大きく取り上げられ、北九州市は大きな批判を受けました。そしてその後、福祉事務所の対応は大きく転換しました。数年前に私の友人が、北九州市の某福祉事務所へ保護の相談に行ったところ、憲法二五条の「生存権」の説明から始まり、最後には保護申請を積極的にすすめられたといいます。

福祉事務所が恐れるのは、かつての北九州市の福祉事務所のように、保護申請をむげに扱い、トラブルを起こしてマスコミに報道されることです。よって管理職も面接員も、保護申請を慎重に扱うようになり、申請受理へとうまく導いてくれるようになりました。

3 あなたも保護を受けられるのでは？

ある研究者は、潜在的な「要保護者」（本来保護を必要とする人）は、現在保護を受けている人の二倍はいるとの分析を示していると聞きます。

国民年金を満額もらっている人の月額は六万五〇〇〇円程度で、老夫婦二人で月額一三万円程度です。大都市で一人住まいの生活保護受給者（以下「保護者」と略します）は、大都市の基準である一二万円近く（家賃四万円＋生活費八万円弱）をもらっています。医療費は無料のうえに、国民健康保険料を納める必要もありません。ざっくりといえば保護者は一人で、国民年金満額受給の老夫婦相当の保護費をもらっていることになります。この金額の比較には議論もあることでしょうが、国はそれをもって生活保護費の減額を目論んでいます。しかし私はまったく逆の発想で、国民年金制度の抜本的改正によって、国民年金額を大幅に増額すべきと考えます。

国民年金だけで生活している老夫婦の大半は、元自営業者です。自営業者にもいろいろあります。失礼な言い方ですが「シャッター商店街」の元自営業者の老夫婦が、月額一三万円でゆとりのある生活を送っているとは思えません。老後の蓄えもそんなにあるとは考えられないからです。

あるとき、老夫婦が国民健康保険係の職員に連れられ、福祉事務所へやってきました。経済的なゆとりがなく国民保険料を払えない、とのことでした。事情を聞くと、国民年金を満額もらっているそうですが、老後の蓄えも尽きてしまい、困っているとのことでした。当然ながら老夫婦に保護申請をすすめ、数日後には保護受給することになりました。無事保護が受給でき、国民健康保険料を納めなくてすむようになったので、お二人の生活は少しは楽になったと思われます。

このように、国民年金受給者の場合は、保護を受給したほうがよいケースもあります。この項の冒頭で、学者が指摘したという「潜在的要保護者」があなたである可能性も考えてみてください。

④ 母子家庭のお母さん、がんばりすぎないで！

私の知人に、小学生のお子さんが二人いるシングル・マザーがいました。昼は介護職のパート、夜はコンビニでパートと、ダブルワークして生計を立てているといいます。パートのみならず家事・育児もしなくてはならないので、平均睡眠時間は四～六時間。「子どもにかまってやれないことがつらい」と言っていました。

私は「そんな状況で身体を壊したらどうするのか」「子どもの養育上よくないのではないか」とアドバイスし、夜のコンビニのパートを辞めて保護受給してはどうかとすすめました。お母さんは思案の末、コンビニのパートを辞め保護申請しました。

その結果、基本的な生活保護費に加えて母子（一人親）加算（32ページ参照）、子どもの教育費（77ページ参照）も受け取ることができ、経済的にも精神的にもゆとりができ、子どもも喜んでくれているようでした。この方と同じように、がんばりすぎている母子家庭のお母さんは、世にたくさんいるのではないでしょうか。

5 保護を受けられないとされる人々

本章のタイトルに「誰でも簡単に受けられる」と書きましたが、実は保護を受けられないとされている人たちもいます。それは暴力団員です。

二〇〇六年三月三〇日付「厚生労働省通知」では、「反社会的行為により市民生活の安全を脅かす暴力団に対して生活保護を適応することは生活保護制度の信頼を揺るがすばかりではなく、結果的に公費が暴力団の資金源になることから、暴力団に対する生活保護の取り扱いを徹底するとともに、暴力団の該当性に関する警察との連携を強化する」とされています。

ここで「暴力団は絶対に保護を受けられない」と明言を避けているのは、憲法一四条（「法の下の平等」）とのかね合いからでしょう。ただ、暴力団は保護を受けられないとされているのは、実務上国民感情からいっても納得しうるものと私は考えます。

暴力団員が保護を受けたい場合は、暴力団からの脱退届や離脱を確認しうる挙証資料（絶縁状や破門状）の提出があれば可能です。生活の厳しい暴力団員の方々は、どうか暴力団を脱退して、保護を受けることをおすすめします。

第2章 生活保護制度のあらまし

1 どんな人が生活保護を受けられるの？

生活保護は、どんな人が受けられるのでしょうか。おおまかにいえば資産がなくて、収入がない人、仮にあっても少ない人が保護を受けられます。

まず知っておいてほしいのは、保護は個人単位で受けるのではなく、同じ屋根の下でともに生活している、全世帯単位で保護を受けなければならないということです（「世帯同一の原則」）。私の家は、共働きの妻と私の母と三人で生活しています。私の母の年金月額は月三万円にすぎず、これといった資産もありません。だからといって、私の母だけが保護を受けることはできません。

私たち夫婦には多少の資産がありますし、働いている収入（「稼働収入」）もあるので、私たち三人の一家は保護を受けることができません。ただし、私の母が一人で家を借り、一人住まいをすれば、母一人で保護を受けることができます。保護が可能かどうか、家がなく一時的に居候している人は例外がありますので、福祉事務所の面接員に相談してみましょう。

自分の家がない人は保護を受けられないと思っている人が（ケースワーカーでさえ）いるかもしれませんが、けっしてそんなことはありません。居候の人（先述）、病院に入院している人、施設に入所している人、さらにホームレスの人でも保護を受けることができます。

ホームレスの人の場合、家がないことを理由に門前払いされるか、更生施設（ホームレスの人などを入所させ「自立更生」させるための通過施設）への入所をすすめる福祉事務所もあります。福祉事務所によっては、ＮＰＯ法人と連携して、まずネットカフェや簡易宿泊所を斡旋し、家が見つかるまで一定期間そこで保護します。そして、その間に基準内家賃の家を探し、保護を継続しているところもあります。

もし門前払いされたり、更生施設入所をすすめられたら、家で生活しながら保護を受けたいということを強く主張しましょう。

次に知っておいてほしいのは、住民票の住所に関わりなく、現在生活しているところで保護を受けることになるということです。その管轄の福祉事務所で保護を受けます。たとえば現在北海道に住んでいる人の場合、住民票が沖縄にあったとしても、実際に住んでいる北海道で保護を受けることになります。ただし外国人の場合は、外国人登録している福祉事務所で保護を受けることになりますので、北海道に住んでいる外国人が沖縄で外国人登録している場合は、北海道に外国人登録を移しておきましょう。

② 保護を受けられるかどうかの基準

保護を受けられるかどうかの基準として、「最低生活費」というものがあります。最低生活費は、「健康で文化的な最低限度の生活を営む」に足る金額ですが、その金額は改定されることがあり、そのつど減額傾向にあります。収入が最低生活費を上回れば保護を受けられませんし、逆に下回れば保護を受けることができます。最低生活費は国が決めた基準額で、①地域、②年齢、③家族数、④世帯員の状況、⑤家賃の額などによって、次のように違ってきます。

①地域

地域は全国の地区を一級地の一と二、二級地の一と二、三級地の一と二の六段階に区分し、物価が高いとされる大都市圏は一級地の一で最高額です。以下では便宜上、一級地の一を基準に説明することにします。一人住まいの人で、八万円＋家賃四万円以下の実家賃額（共益費などを除く）＝最低生活費となります。八万円の内訳は、②の「第一類」＋③の「第二類」です。世帯員が一人増えるごとに、四万円弱がプラスされるものと、大ざっぱに想定しておいてください。

②年齢

年齢によって第一類（世帯員個人の食費・被服費など）の金額が違ってきます。食べ盛りの一五～一七歳が最も高く四万七〇〇〇円程度です。最低額は〇歳児の一万五〇〇〇円程度で、以下一五歳まで段階的に上がっていき、逆に一八歳から段階的に下がっていき、七〇歳以上は食が細くなるとして、一律三万二〇〇〇円程度となります。

③家族数

家族数による第二類額（家族全体として必要な電気代などの公共料金、家具類などの減価償却費など）は、家族数が増えるごとに高くなります。一人住まいの人で四万三〇〇〇円程度で、一人家族が増えるごとに数千円程度増額されます。四人家族になると五万八〇〇〇円程度です。

以上、第一類の金額と第二類の金額、人によっては介護保険料を足し合わせた金額、さらにいえば直近三カ月の医療費自己負担分の一カ月平均が、生活費（「生活扶助費」）となります。

さらに家族個々人が、家で生活しているか、病院に入院しているか、高齢者施設などに入所しているかによって、先の第一類額・第二類額は大きく違ってきますが、ここでは詳細は省略します。

④世帯員の状況

家族個々人の状況によって、①～③の生活扶助費に、以下の加算額がプラスされます。

【母子（一人親）加算】

一人親と、一八歳以下の子どもの人数によって、二万円程度の金額が増額されます。

【障害者加算】

障がいの程度によって、金額が違ってきます。身体障がい者の場合は、障害年金一〜三級、身体障害者手帳一〜三級の人には、一万七〇〇〇円から二万七〇〇〇円程度の金額が増額されます。知的障がい者の場合は、療育手帳Aの人は一万七〇〇〇円程度の金額が増額されます。精神障がい者の場合、精神障害者保健福祉手帳一級の人は二万七〇〇〇円程度、二級の人は一万七〇〇〇円程度の金額が増額されます。

【児童養育加算】

もらっている児童手当と同額の金額が増額されますが、児童手当は収入認定されて減額されますので、プラス・マイナス〇円と考えてください。

【冬季加算（暖房費）】

毎年一一〜三月に季節限定で、家族数に応じて、三〇〇〇円程度から五〇〇〇円以上程度の額が増額されます。豪雪地帯などでは、かなり高額です。

【その他の加算】

妊婦加算（妊娠中の人）、産婦加算（出産の日の属する月～六カ月の乳児を養育している人）、重度障害者加算、介護施設入所者加算（介護施設に入所している人）などがあります。

かつては七〇歳以上の人に、一万八〇〇〇円程度の「老齢者加算」が増額されていましたが、二〇〇六年に廃止されました。昨今では母子（一人親）加算の減額・廃止が検討されようとしています。

⑤家賃（住宅扶助費）

家族数に応じて上限額が決められています。大都市の一人住まいの人で四万円程度、二人家族で四万八〇〇〇円程度、三人家族で五万二〇〇〇円程度です。実際の家賃が上限額を超えても支障はないのですが、あまりにも高額であれば生活を圧迫します。一人住まいで家賃五万円・共益費二〇〇〇円の人では、基準家賃の四万円しか出ませんので一万二〇〇〇円の自腹を切ることになるのです。また、ケースワーカーに公営住宅への申し込みや、基準内家賃の家へ引越しするよう、言われ続けます（「転居指導」）。保護者は身分相応の家に住めというわけです。なお、引越しに際しては、三〇万円程度の引越し費用（敷礼金、家賃保証料、火災保険料など）や引越し代の実費が支給されます。

以上の①～⑤の五項目を合わせた金額が、最低生活費です。収入がまったくない人は、最低生活費の全額がもらえます。収入があっても最低生活費より収入が少ない人は、その差額がもらえます（「最低生活費の足らずをもらう」といいます）。

以上が保護を受ける第一要件ですが、一定の資産がある人は、保護を受けることができませんので、次項では「資産」について説明することにします。

3 相当の資産があれば、保護を受けられないことがあります

資産とは、銀行や郵便局などの預貯金、手持ちの現金（財布のなかの金銭、家にある金銭、いわゆるタンス預金）、不動産（持ち家の自宅、家族の名義の土地や家屋）、生命保険などの各種保険や互助会（冠婚葬祭のための積立金：「ベルコ」「平安祭典」「セレマ」など）、車やバイクなどです。

生活保護法（以下、「法」と略します）二九条に、「保護の実施機関及び福祉事務所長は、保護の決定若しくは実施（中略）のために必要があると認めるとき」は、要保護者または

扶養義務者の「資産及び収入の状況」につき、「官公署（中略）に対し、必要な書類の閲覧若しくは資料の提供を求め、又は銀行、信託会社、（中略）その他の関係人に報告を求めることができる」とあります。福祉事務所は、法にもとづく強い調査権限があるのです。いわゆる「資産隠し」はほぼ困難です。

保護の申請と同時に、先の法二九条にもとづいて、福祉事務所はあらゆる金融機関、保険会社、その他関係機関に「二九条調査」を実施します。大手銀行では、全国の預金情報をオンライン化していますので、北海道の人が沖縄の大手銀行に口座があっても、見つかってしまいます。「二九条調査」によって、おおむね過去六カ月の出入金状況について、銀行などの金融機関から福祉事務所に回答が返ってくるのです。ただ、しいていえば、まったく縁のない地方の小さな信用金庫、信用組合にまでは、調査は及びません。

銀行や郵便局などの預貯金は、保護を申請するときに、家族全員の最後まで記帳した預貯金通帳の提出を求められます。そして面接員は、預貯金通帳の出入金をこまかくチェックします。

生命保険などの引き落としが記載されていれば、生命保険などの保有は隠し通せません。大きな金額の出金の記載があれば、その使い道を厳しく問われますので、申請前に大金を出金して、「タンス預金」にして隠し持つことも不可能です。大金を出金して借金の返済や高価な家電製品などに充てたときは、必ず領収書を残しておきましょう。

①手持ちの現金・預貯金

財布のなかや家にある金銭については、保護申請時におおよその金額を申告します。ただ、家にある金銭（タンス預金）については、面接員やケースワーカーが、実際に家に行って確認することまでは行っていないのが実情です。

これらの金銭については、最低生活費の半分まで持っていてもかまいません。よく保護を受けようとすると「金銭や貯金、資産などは一切持っていてはダメ」と思い込んでいる人もいますが、最低生活費の半分は持っていてもよいのです。したがって、保護申請時に際しては認められた金銭を保有して申請するのが上手な手だてです。

②不動産

「家があるから保護は受けられない」と思っている人もいますが、けっしてそんなことはありません。持ち家（土地を含む）に住んでいても、よほどの豪邸でないかぎり問題はありません。ただ、持ち家がある場合では、「リバースモーゲージ」という制度が、保護に優先して適用されます。この「リバースモーゲージ」というのは、持ち家を担保にして、月々の生活費（保護費よりも高額です）をもらう仕組みです。この制度は保護に優先して適用されるので断ることができないのですが、「リバースモーゲージ」が可能な持ち家は少ないので、レアケースといえるでしょう。

持ち家でも、ローンが残っている人は問題ありです。その家を手放すことを前提に、売買仲介契約書を作成して提出し、保護を受けることになります。面接員や不動産業者によく相談してみましょう。

持ち家に親族や知人が住んでいる人は、すぐに売却できない不動産なので問題ありませんが、相応の援助ないしは家賃をもらうようにすすめられます。そして、それらの援助・家賃は収入としてみなされます。親族の持ち家に住んでいる人も、同様の扱いとなります。また、空き家の持ち家や山林、田畑がある人は、その有効活用（人を住まわせ家賃を得る、ガレージにして賃貸料をもらうなど）が求められます。

いずれのケースにせよ、売却益は必要経費を除いた（控除）全額を福祉事務所に返還しなければなりません（法六三条「返還」）。保護者が死亡したときは、これらの不動産は親族に相続することができます。また、保護者は不動産の固定資産税が免除となります。

③生命保険など各種保険・互助会

これらの各種保険・互助会は原則解約です。すぐに解約できないときは、「法六三条」の適用により保護開始後解約し、解約金は全額返還となります。

どうせ全額返還になるのなら、保護申請前のまだ生活費に余裕があるうちに、早々に解約してしまいましょう。そして、解約金で借金を返済したり、保護開始後には買えない家電製品の買い替えに使い切ってしまいましょう（ただ、あくまでも保護申請前日までに！）。極端な例でいえば、解約金が一〇〇万円あったとして、豪華客船世界一周旅行に使ってしまってもかまいません（ひんしゅくをかうかもしれませんが……）。いずれにせよ、申請時に解約金の使い道を厳しく問われますので、必ず領収書は残しておきましょう。

一方で、学資保険は、解約金が五〇万円以下の場合など、例外的に保有を認められる場合もありますので、事前に面接員に相談しておきましょう。貯蓄性のない掛け捨ての保険は、保有を希望すればＯＫですが、保護者自身が保険料を負担したとしても、受け取った入院給付金などは返還となりますのでメリットがありません。

互助会なども、各種保険とほぼ同様の扱いとなります。保護者が死亡すれば、二〇万円程度の葬儀代（「葬祭扶助」〔僧侶の読経料を含む〕）が出ることがありますが、互助会に加入していたときはそれらは出ませんので、あまりメリットはありません。

各種保険・互助会とも、銀行などと同様「二九条調査」により発覚しますので、隠し通すことはできません。

生命保険に関して、こんなアクシデントがありました。母子家庭のケースで、お母さんの知らなかった子ども名義の生命保険が、「二九条調査」で見つかったのです。お母さんが知らないうちに、おじいさんが孫名義で掛けてくれていた生命保険でした。そんな場合でも契約者が子ども名義である以上、法的には子どもの資産とみなされますので、保険を解約し、解約金を家電製品の買い替えのために使い切るようすすめ、再申請ということになってしまいました。

④車・バイク

車の保有要件はかなり厳しく、原則処分（売却）です。交通の便が悪い地域では現実的に車のない家はほとんどないと思うのですが、「保護者に車はぜいたくだ」というわけです。保有要件としては、仕事で車を使う（タクシー運転手など）、身体の不自由な障がい者が改造車で使うといった場合です。タクシー運転手で保有を認められていても、仕事以外の目的外使用（買い物・レジャー・通院など）は、厳しく禁じられています。交通の便利な都市部では、まず保有は認められないでしょう。

他人の車を運転することも、事故を起こしたときに責任無能力者になってしまうので、厳しく禁止されています。

一二五cc以下のバイクについても車に準じますが、心身の状況（精神障がい者で、公共交通機関の利用が著しく困難な人など）によっては、一定の条件付きで使用できることもあります。

また短期（おおむね三カ月）で保護廃止が見込まれる人は、車など保有が認められることもありますので（運転は禁止）、面接員・ケースワーカーに相談してみましょう。


以上、保護申請前、金銭・預貯金・資産がまったくなくなる前の生活に余裕があるうちに、早めにこまめに匿名でもいいので福祉事務所の面接員に相談しましょう。面接員がていねいに説明してくれるはずです。

よくあるケースで、借金まみれになってから保護申請をする人がいますが、借金せざるをえないほど追い詰められる前に、保護の相談をしておきましょう。お金は天から降ってくるものではありません。保護受給後でも、借金については一円たりとも補てんしてはくれません。
再度言います。保護の相談に早すぎることは、けっしてありません！

④ いざ、保護の申請へ

保護の申請は「申請主義」が原則です。福祉事務所の職員のほうから、「保護を受けませんか」と訪ねて来るわけではありません。保護を希望する本人自身が、福祉事務所へ出向き（または電話をして）、保護申請の意思を明確に表明することから始まります。あるいは、地域の民生委員や入院先の職員からの「通報」を受けて、出張面接のうえ保護申請することもあります。

申請時、最初に対応するのは、地区を担当するケースワーカーではなく「面接員」です。面接員は経験を積んだケースワーカーが多く、保護制度を一定程度熟知してます。第1章でも説明しましたが、現在では面接員は親切に応対してくれ、保護申請をスムーズに受理する傾向にありますので、安心して保護申請に出向きましょう。

保護申請時の面接員との面談は、一～二時間程度です。プライベートなことまで含めて詳しく聞かれますが、公務員である面接員は「職務上知りえた秘密を守る義務」（「守秘義務」）がありますので、あなたの個人情報は守られます。正直に簡潔に答える一方で、わからないことや主張すべきことは、はっきりと伝えましょう。概して協力的にするほうが、よりスムーズに申請を受理してくれるでしょう。

保護申請時に持参するものは、以下のとおりです。

- 印鑑（「シャチハタ」は不可）。保護受給後においてもすべての公文書類は、実印でなく認印でもいいので必要です。
- 家の賃貸契約書または持ち家の登記簿、家賃の直近の領収書。
- 家族全員の銀行、郵便局（ゆうちょ銀行）などすべての預貯金通帳（ＡＴＭで最後まで記帳したもの）。
- 健康保険証。
- 年金手帳。
- 各種保険や互助会に加入している人は、その証書。
- 年金のある人は直近の「年金改定額通知書」（毎年六月ごろ郵送されてくる水色のハガキ）。

●障害者手帳を持っている人や障害年金をもらっている人は手帳や年金証書。
●親子兄弟姉妹や離婚した夫・妻の住所・氏名・連絡先を書いたメモ。
●働いている人は直近三カ月の給与明細書。
●母子（一人親）家庭の人は児童扶養手当証書。
●妊婦の人は母子手帳。
●車などを持っている人は車検証と車の保険証書。

以上を「挙証資料」といいます。挙証資料がないときは、銀行など預貯金通帳に記帳・記載されていれば大丈夫です。たとえば、家賃、年金、給与、児童扶養手当などですが、その他通帳に記載されていないものは福祉事務所が調査してくれます。

面接員の面談の最後に、「保護申請書」「資産申告書」「収入申告書」「同意書」（二九条調査のため）などの記入、押印、提出が求められますが、けっして難しい書類ではありませんので安心してください。仮に字を書けない人は、面接員が代筆してくれます。病院に入院したり施設に入所している人、身体が不自由で福祉事務所に行けない人などは、面接員に連絡すれば病院、施設、自宅などに面接員が出向いて、申請手続きをしてくれます（「出張面接」）。

⑤ 保護申請から保護決定までの流れ

面接員から地区担当ケースワーカーに「面接記録票」が引き継がれ、それをもとにして少なくとも一週間以内にはあなたの地区の担当ケースワーカーが、事前連絡のうえ自宅を訪ねて来ます。主たる目的は、実際にそこに住んでいるか（「居宅確認」）と、生活実態調査（「新規実調」）のためです。ただ、安心してください、家の間取りをざっと見まわす程度で（自宅の間取り図があればケースワーカーは喜ぶでしょう）、タンスを開けたり引き出しの書類を見たりといった入念な調査はしません。エアコン、大型液晶テレビ、パソコンといった、一定の資産価値のあるものも黙認してくれます。ただ、生まれてから今日に至るまでの、プライベートな「生活歴」を詳細に聞かれますので（あらかじめ大まかな生活歴をメモにしておけばケースワーカーは喜ぶでしょう）、一時間程度の居宅面談となります。先述のとおり、面接員同様、あなたの個人情報は守られます。

ケースワーカーは訪問から事務所に戻ると、さっそく生活歴など所定の記録を作成します。ほんの半日もあればできる作業です。同時に、銀行など関係機関へ「二九条調査」

をかけ、親族などに生活状況・援助の可否を問う手紙を発送します（「扶養照会」。108ページと「おわりに」参照）。

保護の決定は、「申請のあった日から十四日以内にしなければならない。ただし、扶養義務者の資産及び収入の状況の調査に日時を要する場合その他特別な理由がある場合には、これを三十日まで延ばすことができる」（法二四条五）とされています。

私は一日も早く保護開始決定をして、要保護者に安心してほしいという思いから、明らかに資産がない要保護者については、一日でも早く保護開始決定をしていましたが、実際に保護開始決定するのに二〜三週間、保護費を手にすることができるのは、さらに一週間程度を要します。それまでに生活費を使い切ってしまったときは、一人住まいの人で一日一〇〇〇円程度の保護費の前貸しをしている福祉事務所もあります。貸付制度のない福祉事務所でも、カップ麺や缶詰などの現物を配付するところもあります。保護開始決定までに、どうしても医者にかかりたい人は、「医療要否意見書」を交付してもらって無料で受診することができます。

初回にもらえる保護費は、申請受理した日までさかのぼってもらえますので、保護開始決定まで切り詰めた生活を強いられた分、若干の金銭的余裕があります。もちろん前借りしたお金は返さないといけませんが、その日の夜はささやかな祝杯をあげましょう。

一般的には初回の保護費の場合、現金を福祉事務所に受け取りに出向くことになります。二回目以降の保護費は、特段の事情がないかぎり銀行振り込みにしてくれます。初回の保護費の受け取りの際には、印鑑とともに保護費振り込み希望口座の通帳を持って行きましょう。

国民健康保険の人は、国民健康保険証も忘れずに持って行きましょう。保護者の医療費は全額無料となりますが、国民健康保険については脱退手続きをすることになるからです。

国民年金も納める必要はなく、「法定免除」となります。ただし保護受給中は年金加入期間に算定されますが、年金の額は半分とみなされます。働いている人で厚生年金や社会保険のある人は手続きの必要はありませんし、会社に言う必要もありません。社会保険は、自己負担分の三割を保護で補てんしてもらえます。医者にかかるときは、保険証と「医療券」と「併用券」を持って行くことになります。

「保護開始決定通知書」は、必ず郵送ないしは手渡しで交付されます。

本書の序章で、保護受給は立派な「権利」であることを明言しました。当然のことながら、「権利」には「義務」がつきものです。次の章では、その保護者の「義務」について説明していきたいと思います。

第3章 保護者の義務

1 福祉事務所の「指示」「指導」に従う義務

地区担当ケースワーカーは、保護者に対してあれこれと注文をつけることがあります。それが「助言」であったり、「指示」であったり、「指導」であったりします。「助言」は、保護者にとってよりよいと考えてのアドバイスですので、参考にしましょう。「指示」「指導」については、ケースワーカーの個人的な考えではなく、あくまでも福祉事務所としての「行政指示」「行政指導」ですので、保護者は原則的に従わなければなりません。

ただ、あまりにも理不尽な指示、指導についてはその根拠を明らかにさせ、それでも納得できなければ、主張すべきことをはっきりと主張し、ときには、聞き流してもよいでしょう。ただ、ケースワーカーも感情を持った一人の人間です。あまり反発しすぎても反感を買うだけで、保護上の福祉サービスの提供や援助を怠りがちになってしまいます。

ケースワーカーに対し、けっしてこびへつらう必要はありません。保護者とケースワーカーの関係は対等で、互いの信頼関係のうえに成り立っているものです。そういった前提のもとで、ケースワーカーと上手につき合うのがコツです。逆にケースワーカーも、保護者と上手につき合うことが仕事を円滑に進めるコツでもあるのです。

福祉事務所のカウンターで、たまに大きな声を出して、威圧・恫喝している保護者がいますが、ケースワーカーは何ら動じておらず、慣れっこになっています。まして手を出そうものなら、即刻警察に通報され、暴行・傷害罪容疑で逮捕されてしまうかもしれません。そうならないように、威圧や恫喝は避けましょう。

これは私見ですが、書いておきます。たまに新聞の社会面に、市民が役所の職員に暴力をふるったり、事務所に灯油をまいて火をつけたりといった記事が載っています。事件を起こした市民も悪いかもしれませんが、対応した職員にも非がないとは言い切れません。市民にそこまでさせるほどの、反感を買うような言動を職員もしてしまっているのだと思うのです。

また、これも私見ですが、保護者への「指示」や「指導」は権力的なものであり、ときとして保護者を見下した傾向にあるので、あまり好きになれませんでした。したがって、私が保護者とのやり取りを記録した文書（「ケース記録」）には、「指示」「指導」という言葉を一切書くことはありませんでした。

② 働けばゆとりのある生活ができます！

働ける人は、仕事を探して働きましょう。法六〇条に、保護者は「常に、能力に応じて勤労に励み」とあります。これは昨今、最も重要な保護者の義務とされています。保護者は病気などで働けない人は別として、多少の持病があっても働く義務があります。これを「稼働能力の活用」の義務といいます。

「稼働年齢層」（高校生を除く一六〜六四歳の人）について、ケースワーカーは傷病のある保護者の主治医に随時面談し、その人がどの程度働けるのか（軽労働、中労働、重労働）を聞いて（「病状聴取」）、その医学的診断と福祉事務所としての社会的診断とをあわせて保護者の就労方針を決定します。現実的には、主治医の医学的診断に重きが置かれています。また身体が悪いと言いながら、医者にもかからず、働かない人については、「検診命令」といって、指定された病院など医療機関で健康診断を受けさせることで保護者の就労方針を決定します。「命令」とあるように、保護者はこれを拒むことはできません。

「働け」と言われても、慢性的な不況が続く昨今では、仕事がなかなか見つからないのが現状でしょう。特に五〇歳以上の人で、ましてや運転免許などの資格もない人なら、なおさらのことでしょう。そうであったとしても、熱心に求職活動をして、「求職活動報告書」に活動状況を記載し、報告しましょう。保護を受けていない失業者の人は、急迫して毎日のようにハローワークに通っています。ハローワークには、保護者専用の相談窓口があります。毎日通うとはいかなくても二日に一回程度はハローワークへ行ったり、駅などで無料配布している求人情報誌や新聞チラシなどを活用して電話で問い合わせたり面接に行ったりして、熱心に求職活動をしましょう。スマホやインターネットでハローワークの求人情報を活用するのも有効です。福祉事務所によっては、保護者の求職活動を支援する就労支援専門員を配置しているところもあり、その人的資源をおおいに活用するとよいでしょう。

保護者のなかには、毎月提出しなければならない求職活動報告書を二〜三行しか記載せず、それで十分だと考えている人もいますが、まったく話になりません。あとの二十数日は、いったい何をしていたというのでしょうか。ケースワーカーやその上司である係長や課長は、こうした事例を問題にします。すなわち求職活動に熱意が見られない保護者は、熱心に求職活動をするよう期限付きの「指示書」が交付され、なお改善しないとみなされたときは保護打ち切りの対象になりかねません。ある医者は、「生活保護はカンフル剤にもなるが、アヘンにもなる」と言い、あるハローワークの職員は「保護者が就労に結びつくのは、一般の人の一割に満たない」と言っています。私は、保護者が保護費という安定収入の生活にどっぷりひたり込んでしまい、本当に「ダメな人間」になってほしくないのです。

「保護者は働いてはいけない」と思っている人がたまにいますが、まったくの誤解です。福祉事務所では、保護者が働くことを推奨しています。保護者のなかには、「働いてもしんどいだけだし、保護費が減らされるだけ」だと思い込んでいる人もいます。一方で、働きながら保護を受けている人は少なくありません。

仕事を探して働くことで保護を打ち切って「自立」できれば、保護の窮乏生活から脱却できますし、「自立」に際して一時金をもらえることもあります。そこまでに至らないまでも、保護を受けながら働いて得た給料は、その総額に応じて「基礎控除」してもらえます。保護費が減っても、保護費と給料を合わせれば、ゆとりのある生活ができるのです。

具体的にいうと、給料総額が五万円の保護者なら二万円程度、一〇万円の保護者は三万円程度差し引いた金額が保護費になります。一〇万円保護費をもらっている保護者が五万円の給料を得たとすると、保護費は七万円になりますが、給料の五万円を合わせると一二万円の生活ができるということになるのです。通勤費の実費、社会保険料、雇用保険料、労働組合費、さらに働くのに必要と認められる必要経費までも控除されます。

一万八〇〇〇円以下の給料は全額控除となりますので、七〇歳の高齢保護者の人が、「シルバー人材センター」でポスティングの仕事を探してきて、一万五〇〇〇円の給料をまるまる小遣いにしていた例もありました。ポスティングの仕事は近隣各戸にチラシを歩いて配るので、健康にもいいし生きがいにもなると、たいへん喜んでおられました。

保護者が働くことは、得はあってもけっして損になることはありません。何よりも働くことは、労働者として社会参加することです。そして、自分も社会の一員として貢献しているんだという自己充実感にもつながります。

③ 病気療養に専念する義務

病気で働けない保護者は、病気を治すように努める「療養専念の義務」があります。肝臓の悪い保護者が税金である保護費で酒を飲みながら、税金である医療費で肝臓の治療を受けるのはもってのほかです。どうしても酒がやめられない人は、アルコール依存症が疑われますので、内科で治療するのではなく、アルコール依存症専門病院で治療しましょう。あわせて、自助グループである「断酒会」「ＡＡ（アルコホーリクス・アノニマス）」などに、積極的に参加しましょう。一日一合以上の飲酒を休肝日もなく、一〇年飲酒し続けると、アルコール依存症であるといわれています。

糖尿病の人は甘いものをひかえると同時に、散歩など軽い運動に努めましょう。肺に病気のある人は、タバコをひかえましょう。足腰の悪い人は、整形外科に定期通院しリハビリに努めましょう。精神疾患のある人は、神経科や心療内科に定期通院し、医者の指示に従って服薬を怠らないようにしましょう。

いずれにせよ病気で働けないと言いながら、定期通院を怠り怠薬をすることは許されるものではありません。

④ 保護者の医療について

本章では、「保護者の義務」について説明していますが、「療養専念義務」の話が出てきたので、保護者の医療（「医療扶助」）についても説明しておきたいと思います。

保護者が病院や医者（以下、「医療機関」といいます）にかかるときは、原則的に保護者が福祉事務所に「医療券」を取りに出向き、それを医療機関に提出することで、無料で診察してもらえます。最近では福祉事務所に医療券を取りに出向かなくても、電話でケースワーカーに連絡をすれば、福祉事務所から医療機関へ医療券を送付してくれます（必ず事前に連絡をしましょう）。

保護者からよく聞くイヤな話があります。医療機関に受診したときに医療券を持参していない保護者本人に対し、心ない看護師や受付の医療事務の人が医療券の交付を確認するために、大きな声で「福祉事務所に連絡してくれたの？」と聞くのです。これでは、まわりの人に保護者であることが明らかになってしまいます。保護者は近隣の医療機関に通院するのが原則ですが、そんなこともあって遠方の医療機関を受診する保護者も少なくありません。命と健康を守る医療従事者として、個人のプライバシーに配慮してほしいものです。

「長年のかかりつけ医である」「退院後のフォローのため必ずその病院にかからなければならない」「特殊な病気でその専門医が近隣にない」などの要件によっては通院費（「医療移送費」）を出してもらえることがあります。寝たきりや足の不自由な保護者は、通院のためのタクシー代や介護タクシー代も出ることがあります。ただし、タクシー代などは事後支給になりますので、必ず領収書をもらっておくよう注意しましょう。またケースワーカーには、必ず事前に相談しておきましょう。

多くの人が勘違いしているのですが、接骨院での施術や針灸、マッサージは医療行為ではありません。接骨院の看板に「診療時間」と書いてあったりしますが、正しくは「施術時間」です。かといって保護で無料の施術が受けられないかというと、けっしてそんなことはありません。針灸、マッサージについては、主治医の判断でそれらの医学的効果が認められる場合に限り、保護で受けることができます。接骨院の施術については、「骨折の応急処置」か「捻挫」に限り保護で適用可能です。現に接骨院の施術を受けている保護者は少なくありません。

接骨院の施術について不思議な話があります。ある保護者が首の痛みを訴え、接骨院で施術を受けていました。その保護者に「首の捻挫ですか?」と問うと、「捻挫ではない」と言います。三カ月たって接骨院からの書類を見ると、「肩の捻挫」と書いてあります。保護者に、「こんどは肩の捻挫ですか?」と再度問うと、やっぱり首の痛みを訴えます。さらに三カ月たって接骨院からの書類を見ると、「腕の捻挫」と書いてあります。再三保護者に問うと、やはり首の痛みを訴えるのです。まったく不思議なことです。

⑤ あらゆる収入を申告する義務

保護者は、たとえ一円であっても、あらゆる収入を申告する義務があります。とりわけ働いて得た給料(「稼働収入」)については、給与明細書を提出して必ず申告しましょう。たまに、こっそり働いて申告もせず、平気で保護を受けている人がいます。そんな保護者は当面は隠し通せても、翌年の課税調査でばれてしまいます。そうなると先述した「基礎控除」もなく、その全額を福祉事務所に返さなくてはなりません（法七八条「徴収金」）。結果的に大損をするばかりか、その全額を一括、もしくは分割で返済するにせよ、福祉事務所に借金を負うことになります。こうした「不正受給」は、法律違反であり刑事罰では詐欺罪にあたります。あまりにも悪質な場合は、刑事告訴もされかねません。

法七八条にこうあります。「不実の申請その他不正な手段により保護を受け、又は他人をして受けさせた者があるときは、保護費を支弁した都道府県又は市町村の長は、その費用の額の全部又は一部を、その者から徴収するほか、その徴収する額に百分の四十を乗じて得た額以下の金額を徴収することができる」。これはかなり厳しい処分で、これを複数回くり返すと、「指示書」をもって保護打ち切りの対象となることもあります。

たった一回きりの給与収入、親族や知人からの仕送り、掛け捨て保険の還付金・給付金、何らかの謝礼金・報奨金、懸賞・ギャンブル（そのものが厳禁ですが……）で得た収入、貸した金銭の返済金、そして借金に至るまで、たとえ一円であっても申告しなければなりません。

借金について言及すると、他人から一万円借りたとすれば、一万円が収入としてみなされるので、保護費が一万円減額されたうえ、借りた人に一万円を返さなければなりませんので、結果的に二万円のマイナスになってしまいます。その逆の場合、他人に貸した金銭を返してもらった場合もまた収入とみなされます。そのため、保護者の金銭の貸し借りは厳禁です。

昨今、厚生労働省からの通達で、ケースワーカーは保護者の預貯金通帳などを年一回チェックし、「資産申告書」を提出させるようになりました。そして通帳に不審な出入金があった場合、ケースワーカーから指摘されるようになってきました。臨時的収入が八〇〇〇円以下なら控除されますが、申告のない場合はその控除も受けられませんので正直に申告するほうが得策です。また、冠婚葬祭にかかる祝い金・香典などは、収入としてみなされず収入認定されませんが、申告だけはしておきましょう。

⑥ ケースワーカーの家庭訪問

ケースワーカーは、年に何回か家庭訪問（以下、「訪問」と略します）をします。ケースワーカーは法二八条にもとづき、保護者の家への「立入調査権」があります。同法には、

「立入調査を拒み、妨げ、若しくは忌避し」たときは、「保護の変更、停止若しくは廃止をすることができる」とされており、ケースワーカーの訪問を拒むことはできず、これに応じる義務があります。

訪問の頻度は、それぞれ以下のとおりです。

●健康な稼働年齢者で、短期での就労自立が見込める保護者のいる家庭では、訪問回数は月一回です。

●短期の就労自立は無理でも働ける人で、仕事をしていない保護者のいる家庭では、訪問回数は、三カ月に一回です。

●病気などで働けない稼働年齢層の保護者で、療養専念が必要な保護者のいる家庭、または、稼働能力相応に働いている保護者の家庭では、訪問回数は六カ月に一回です。

●六五歳以上の保護者だけで、将来的にも自立困難な高齢者家庭では、訪問回数は六カ月に一回です。

●病気で長期（おおむね一年以上）の入院患者、同じく施設入所している保護者では、訪問は年一回で、ケースワーカーが病院や施設を訪ねます。

ケースワーカーの訪問の主たる目的は、保護者が実際にそこで生活しているか（「居宅確認」）、家の室内の様子からどのような生活をしているか（「生活実態調査」）を確認することです。家庭での面談では保護者によりますが、働くよう促す「就労指導」、必要書類（「収入申告」や「資産申告書」など）の徴収、健康状態、親族との交流状況、生活に変化がはないかなどの聴取をします。

ケースワーカーは忙しいので、既定の訪問回数（ノルマ）をこなすのに精一杯です。訪問先での面談時間は、一〇～六〇分程度と大きく幅がありますが、できるだけ短時間ですませたいというのがケースワーカーの本音です。

訪問ではけっして家のなかをジロジロ見てまわったり、タンスや引き出しを開けたりしないので安心してください。なかには、玄関先で立ち話をして帰るだけのケースワーカーもいます。聞かれたことに端的に答え、さっさと帰ってもらったほうが保護者も楽ですし、ケースワーカーも喜ぶことでしょう。

私は訪問に際して、あらかじめ電話で訪問日時を約束して行くことが多かったのですが、事前連絡もなく突然訪問するケースワーカーもいます（「抜き打ち訪問」）。いずれにせよ体調がすぐれないときや用事があるときは、正直に話して訪問日時を変更してもらいましょう。ケースワーカーに立入調査権があるとはいえ、何が何でも無理やり家に押し入ったりすることはありません。

⑦ その他の義務

以下、その他の義務についてご説明しましょう。

- 保護者は有する資産を活用する義務があります。土地・家屋のある人はそれを売却するなり、遊休不動産なら他者に貸すなりする努力が求められます。保有を容認された保険の給付金が出るときには、必ず請求して申告しなければなりません。
- 保護者は、あらゆる「他法他施策」(生活保護法以外の行政サービスのこと)を保護に優先して活用しなくてはなりません。したがって、年金や手当などもらえるものは、すべて請求手続きをしなくてはなりません。たとえば、障害者手帳や、精神疾患の人は「自立支援医療」が該当するのならその手続きをしなくてはなりません。「年金をもらってもその分保護費が減額されるだけ。自立支援医療の手続きをしても自分には何のメリットもない」として、手続きを怠ることは許されません。

●親族・離婚した夫から、援助や子どもの養育費をもらえるよう努める義務があります。
●「引越し」「親族が同居する」「家族が別居した」「病気で入院する」「子供が児童相談所へ一時保護された」「子どもが鑑別所や少年院に入所した」など、家族の生活に著しい変化があれば、ケースワーカーに必ず報告する義務があります。
●法六〇条には、保護者は「支出の節約を図り、その他生活の維持及び向上に努める義務が明示されています。

随分と長々と、また細かく保護者のなすべき義務について説明してきました。なかには、「やっぱり保護を受けるとやっかいだ」と思われた方もいることでしょう。しかし、よく考えてみてください。私たちは、さまざまな法律、法令に縛られ、行動の規制を受けています。たとえば、バス待ち行列に割り込めば軽犯罪法違反になりますし、他人の悪口をおおっぴらにいいふらせば名誉棄損罪になります。こうした規制を受けながらも私たちは、日常生活を営んでいます。

保護者の義務も、ごく常識的なことですし、ごく普通に生活していればいいのです。ただし「働く義務」や、働いて得た給料を申告しないなどの「不正受給」は、厳しく問われることだけは肝に銘じておいてください。

また、これらの義務を果たすうえで不明な点があれば、ケースワーカーに相談することでよき助言と援助が得られるはずです。

第2部

生活保護を上手に活用しよう!

第4章

知って得する「一時扶助」

保護者が知らない保護上の福祉サービスは多々ありますが、福祉事務所は一から一〇まで説明してくれません。また「こんなサービスができます」と、箇条書きにしたチラシやメニューを置いているわけでもありません。それらのサービスも保護申請同様、「申請主義」であり、保護者自身が申し出ないとサービスを受けることができません。

ケースワーカーも役所の人間ですし、保護の「実施要領」や法令、規則にのっとって福祉サービスを保護者に提供するので、「できること」と「できないこと」があります。それでも何か困ったことがあれば「ダメもと」で、積極的にケースワーカーに相談してみましょう。意外と「できること」があるものです。

① 期末一時扶助

毎年年末に出る年越しのための一時扶助で、金額は一万四〇〇〇円程度です。多くの保護者は、日ごろの窮乏生活のなかで買えなかったものを買ったり、レジャーや飲食に消費しています。正月におせち料理を作る人は、母子家庭などでもごくまれです。単身の保護者では、即席のみそ汁にお餅を入れて食べたとよく耳にします。

期末一時扶助については、以下で説明する一時扶助とは違い、事前相談と申請は不要です。

② 「住宅維持費」の一時扶助

水道・トイレ・風呂などの水まわりや、電気設備などの修理を無料でしてもらえます。もちろん、ケースワーカーが修理するのではなく、福祉事務所指定の信用ある業者を斡旋してくれ、福祉事務所から業者に修理代を直接支払ってくれるのです（「業者払い」）。

水道はあくまでも台所の漏水、詰まり、蛇口の破損などで、洗面所の水まわりはしてもらえません。洗面所が使用できなくても、台所で用を足せるというわけです。

トイレは、漏水、詰まり、タンクや便器の破損などを修理してもらえます。ただタイルの破損、シャワートイレの修理まではしてもらえません。わずかなタイルの破損ぐらいなら十分用を足せる、シャワートイレなど保護者にとっては贅沢だというわけです。

風呂の修理は、風呂釜の故障、漏水、著しい浴槽の破損などですが、近隣に銭湯がない場合に限ります。風呂が壊れたら銭湯に行けというわけです。四人家族の保護者で風呂釜が壊れ、銭湯代も多額で、三日に一度しか入浴できないという保護者もいました。

電気設備は、漏電、配電盤の故障などですが、電化製品の故障、電球の球切れまでは修理、補充はしてくれません。洗濯機やテレビの修理は自己負担で行う必要があります。したがって電化製品の故障は、いざというときのために、日ごろから貯蓄しておかなければなりません。

天井の雨漏り、ガラスの破損、玄関の鍵の取り換え、網戸の設置などもしてもらえます。ただガラスの破損は、保護者が誤ってガラスを割ってしまったといった自己責任によるときは、修理してもらえません。台風でガラスが破損した、何らかの事情で玄関の鍵を失くしガラスを割って入室せざるをえなかったなど、不可抗力によるものに限ります。雨戸の設置については、もともとあった網戸の修理はしてもらえません。網戸がなかったことに加え、近くに茂みや古い池や側溝があって、虫が発生しやすい環境である家に限ります。畳の張り替えは、多少のいたみや汚れだけでは張り替えてはもらえず、ボロボロで使用に耐えない状態になったときに限ります。

以上、「住宅維持費の一時扶助」といっても、お察しのとおりいずれも前近代的な発想です。まさに「最低生活」＝「窮乏生活」の保障にすぎません。

③「被服費」の一時扶助

紙おむつを使用している保護者は、紙おむつ代が支給されます（月額上限二万円程度）。事後払いとなりますので、月締めで領収書をとっておきましょう。布団も畳の張り替え同様、ボロボロになって使用に耐えなくなったときに限り、再生もしくは新しい布団一式を買ってもらえます。保護開始時に布団がなければ、無条件で新規布団一式を買ってもらえます。

④「医療」の一時扶助

メガネは医療的に必要と認められれば、買ってもらえます。ただしコンタクトレンズは原則不可です。耐用年数は四年とされ、メガネを作って四年経過すれば、新しいものに買い替えてもらえます。四年を経過せずしても、不可抗力によるメガネの破損は、現物を福祉事務所へ持って行けば、修繕もしくは新しいメガネを買ってもらえますし、著しく視力などが低下して、医療上買い替えが必要と認められれば、レンズ交換もしてもらえます。

その他、義足・装具や人工肛門・人工膀胱の人に必要なストーマ、痰などを自力で出せない人のための吸引器などの「治療材料」も買ってもらえます。さらに第3章④で述べたように、要件次第で医療移送費の支給もあります。

⑤その他の一時扶助

第2章②の「⑤家賃（住宅扶助費）」で述べたように、家賃が基準家賃よりも一円でも高いとき（「高額家賃」）は、ケースワーカーから「転居指導」され、公営住宅への申し込みや低額家賃の家を探すよう指示されます。

転居に際して、三〇万円程度の転居資金（敷礼金、仲介手数料、火災保険料、家賃保証料など）が出ます。引越し代も三社から相見積もりを取ったのち、実費を福祉事務所から引越し業者に支払ってもらいます（「生活移送費」）。転居後必要なガスコンロ、照明器具、カーテン代も出してもらえます（「家具什器費」。上限二万五〇〇〇円程度）。ただしガスコンロについては、もともとガスコンロがなかった場合、ＬＰガスから都市ガスに変わった場合など、既存のガスコンロで対応できない場合に限ります。

また、転居指導を受けていなくても、現在住んでいる家の生活環境が、保護者の「自立更生」にとってふさわしくないときにも転居費用が支給されます。たとえば、「精神障がい者の保護者にとって、家のまわりの騒音などが療養に好ましくない」「足腰などの病状が悪化し階段の昇降ができなくなった」など、主治医が医療的に必要と判断した場合などに限り転居費用一式が出るのです。

逆に、保護者自身の一方的な都合で転居した場合は、転居資金も家具什器費も出ませんが、福祉事務所によっては、引越し代ぐらいは出るところもあります。またホームレスなどの要保護者は、布団同様いずれも出してもらえます。

ケースワーカーは、転居を熱心にすすめます。その本音は、自分の担当地区外に転居してくれれば、担当ケース件数が減るからです。あわよくば、ほかの福祉事務所の管轄地区に転居してくれれば、福祉事務所自体の保護率が下がることになります。保護基準以上の家賃（「高額家賃」）の保護者の場合は、問題がなければ、ケースワーカーのすすめに従ってみてもいいかもしれません。

いずれにせよ転居に際しては、ケースワーカーに事前によく相談しておきましょう。賃貸契約に際して不動産業者が作成してくれる「重要事項説明書」を福祉事務所へ持参し、ケースワーカーに提示して相談するとよいでしょう。転居先を見つけたものの、要件が満たされず出るものも出ない結果になれば、元も子もなくなってしまいます。

先述の一時扶助も同様、事前にケースワーカーによく相談しておくことが肝要です。ケースワーカーは、直属の上司である係長に保護者への福祉サービスの提供について相談することがありますが、ケースワーカーの上司への強みは、保護者自身の生活実態などを十分に把握していることにあります。もしあなたがケースワーカーに好感を持たれているとするならば、ケースワーカーは上司に福祉サービスの提供の必要性を熱心に説得してくれるでしょう。

第5章 保護者の子どもの教育

1 乳幼児は幼稚園よりも保育所が優先されます

子どもが出生すれば、0歳児保育で子どもを預け（待機児童も多いので入所困難ですが）、親は働くことになります。保護者は保育料が無料です。

精神病などで日中の養育が困難な保護者や、児童虐待（あってはならないことですが）が疑われる保護者は、優先的に保育所へ入所させてもらえます。幼稚園は、特段の事情がないかぎり入園できませんし、通園費がかかり生活を圧迫します。あくまで保護者の子どもは、保育所入所が原則となっています。

② 小・中学生は原則公立学校です

小・中学生（義務教育）の子どもは、一般的には低所得者層家庭の場合、「就学援助」を受けて通学していますが、保護の家庭では、基本的な教育費は保護で対応でき、給食費、弁当の食材費、さらに学習支援費も出ます。入学前には、一時扶助として四万円程度の入学準備金が支給されます。教育費を保護者が滞納したり、確実に教育費を学校に納めたい保護者のために、教育費を福祉事務所から学校へ直接支払う「学校長払い」という制度がある福祉事務所もあります。

幼児が幼稚園に通えないのと同様、私立の小・中学校への通学は好ましくありません。現実的に私立学校への通学は、家計を著しく圧迫することになるからです。

③ 高校は公立校に進学できるよう努力せよ

高校生は、入学準備金（入学費）、入試費、教科書代、教材代をはじめ、就学年数に限り（留年は不可）高校就学費、通学費、学習支援費が近年支給されるようになりました。

近年では高校進学率が九八パーセント超（二〇一九年度、通信制を含む。文部科学省「学校基本調査」）に達していますが、以前は保護者の子どもは、「義務教育だけで十分。中学を卒業すれば働くべき」という発想だったのです。二〇〇五年度からの高校就学費の支給は、遅きに失した施策といえるのではないでしょうか。

ただ高校就学費は、公立高校の就学費を基準とした金額ですので、私立高校に進学せざるをえない子どもの保護者にとっては、経済的に厳しいというのが現実です。そのため保護者の親は、私学奨学金や母子就学金貸付の活用、母子加算、児童扶養手当、パート給料の基礎控除分で、何とかやりくりしています。

進学校などは別として、多くの私立高校は公立高校に合格できなかった生徒の受け皿となっているのが現実です。保護者の家庭では、少ない保護費ゆえに、塾にも行けず参考書も買えず、不十分な受験勉強しかできなかった結果、公立高校に落ちて私立高校へ進学せざるをえない子どもも少なくありません。

保護者の子どものうち、私立学校へ進学するのは半数ぐらいです。公立高校へ進学しても、大学進学が経済的に困難だと考え、工業科や商業科などの実業高校へ進学する子どもも少なくありません。

ケースワーカーにとっても、保護者家庭における中学生の進路について大きな関心を寄せているのは、公立高校に進学できるか否かです。そのためケースワーカーの有志が終業後、無償で保護者の子どもを集めて、学習会を行ったりしている福祉事務所もあります。また最近では、福祉事務所の主催で、学生ボランティアが保護者の子どもに勉強を教える取り組みをしている福祉事務所も増えてきています。

高校生のアルバイトは、大人と同様必ず申告しなくてはなりません。給料は基礎控除のうえ、一万五〇〇〇円程度の「未成年者控除」も受けられます。よくあるのは、親の知らないうちに子どもがアルバイトをして、翌年の課税調査で発覚してしまうというケースです。知らなかったとはいえ、親の監督不行き届きとして、控除もなく必要経費を除く全額徴収（返還）となります。よく注意をして、子どもに言い聞かせておきましょう。

保護者の親の子どもへの愛情は、一般の人と同様に深いものです。むしろ、子どもに窮乏生活を強いざるをえないぶん、より深いかもしれません。誰しもが思っているように、「せめて、高校ぐらいは卒業させてやりたい」という思いは、「自分たちと同じ思いをさせたくない」という気持ちから、より強く持っているのかもしれません。

④ 高校卒業後、就職した青年に幸あれ！

高校卒業後の進路として、就職があります。正社員で入社した人には、一〇万円程度の「就職支度金」がもらえます。就職に際して、車の免許が必須条件である場合、会社にその旨の書類を交付してもらって提出すると、運転免許取得の費用を出してもらえます。

就職した子どもの給料は収入認定となりますので、初任給が出る前に親族宅へ移ったり自活するなどして、大半が親元を離れていきます。「保護費を取り逃げしてずるい」と思う人もいるかもしれませんが、私はそうは思いません。就職したばかりの一〇代の青年が、家計を全面的に支えているという家庭が昨今あるでしょうか。社会人になったら、いろんなものを買いたいでしょうし、遊びにも使いたいでしょう。会社の先輩とのつき合いもあることでしょう。ただ、たとえ一万円でもいいので、保護者である親に仕送りをしてほしいとは思います。長い目で見て、将来福祉の恩恵を返しうる、担税能力のある立派な社会人となり、保護の恩返しができるよう願うばかりです。

⑤ 大学などへ進学した青年に光あれ!

保護者の子どもが、大学や各種専門学校へ進学する例は、けっして少なくはありません。子どもが大学などに進学すると、「世帯分離」といって子どもは保護からはずれます。大学などの進学や通学にかかる資金は、福祉事務所からは一切出ません。医療費も無料ではなく、親が社会保険に加入している場合（そんな保護者はほぼいません）は例外として、国民健康保険に加入し自分で保険料を支払わなくてはなりません。奨学金や母子福祉貸付、アルバイト収入（収入認定はされませんが、申告はしなくてはなりません）で、苦学しながら大学などへ通っています。部活やサークルに参加したり遊んだりする余裕はなく、一般の学生のようにキャンパスライフをエンジョイすることもできません。

近年、日本における大学・短大への進学率は約五八％（二〇一九年度。文部科学省「学校基本調査」）です。一〇人に六人が大学へ進学しているという時代なのですが、保護者の子どもの大学進学率は、それに満たないといわれています。日本の最高学府とされている、東京大学の学生の家庭の所得は、高額であるといわれています。努力さえすれば結果がついてくるというのも事実でしょうが、家庭の経済力と学力には相関関係があるということもまた事実でしょう。東京大学の学生と保護者の子どもとは、スタート時点で明らかに格差があります。そんな不平等社会のなかでも、保護者の子どもが大学や各種専門学校へがんばって通学しているのです。「彼ら・彼女らの将来に光あれ」と願ってやみません。

第6章 生活保護と介護保険制度

1 介護保険制度のあらまし

介護保険制度は二〇〇〇年に施行され、二〇一七年の制度見直しを経て二〇年を過ぎました。介護保険料は、四〇歳以上の人の給料や、年金のある人はそこから天引きされたり(特別徴収)、自主納付(普通徴収)している人もいます。所得に応じた金額の納付が義務づけられています。

介護保険制度によるサービスは、①ヘルパー派遣による生活介護や入浴介護、②訪問看護、③デイサービスやデイケアの利用、④福祉用具の購入やレンタル、⑤住宅改修、

⑥ヘルパーによる通院介助、⑦ショートステイの利用などの在宅介護、⑧「特別養護老人ホーム」「介護老人保健施設」などへの入所利用があります。

これらの利用における個人負担額は基本的には一割です。昨今、国は二割負担に引き上げようと目論んでいます。ちなみに私の母は「要支援2」で、週二回デイケアへ送迎してもらって、自己負担額は月額五〇〇〇円程度です。もし自己負担額が二割になると、月額一万円もかかるので、母もデイケアのサービス利用を考え直さざるをえなくなるかもしれません。

② 介護サービスを受けるには

介護サービスを利用するのには、まず「介護認定」を受けなければなりません。介護認定は管轄地域の「地域包括支援センター」か、もしくは主治医のいる医療機関系列の「居宅介護支援事業所」、あるいは希望する「居宅介護支援事業所」へ連絡すれば、すべて手続きを代行してくれます。手続きを終えると、介護認定事務センターなどから、調査員がやって来て心身の状態を調査し、主治医の意見書とあわせて「要介護度」が認定されます。ここまでの流れは、保護者のみならず、すべての人が無料です。

介護認定を終えると、その人の介護の必要性に応じて、必要度の高い順に、「要介護度」が要介護5・4・3・2・1、要支援2・1と七区分され、必要に応じた介護サービスを受けることができるようになります。健康で自分で何でもできる人は「自立」と認定され、介護サービスを受けることはできません。要介護度の認定は、二〇一七年の制度見直しによって審査が厳しくなり、要介護2だった人が要介護1に下がったりしました。老人の心身の状態が、年をとるにつれて衰えることはあっても、よくなることはあまりないはずなのに理不尽なことです。

要介護度が認定されると、「ケアマネージャー」が相談に訪ねて来て、希望する必要な介護サービスをまとめた「ケアプラン」を作成してくれます。そしていよいよ介護サービスが導入されることになります。

手続きをしてから介護サービスが実際に導入されるまでには、一カ月程度を要しますので、身体の衰えを感じたら早めに手続きをしましょう。

3 保護者の介護制度

以上、介護保険制度の一般的な説明をしてきましたが、以下、保護者にとっての介護保険制度について説明していきたいと思います。

保護者の介護保険料は、保護から出してもらえます。給料や年金から介護保険料を天引きされている保護者は、介護保険料を控除（補てん）します。介護保険料を納付しなければならない保護者は、介護保険料は保護から出るのですが、原則的に福祉事務所から介護保険料を直接納付することになります（「介護保険料代理納付制度」）。

介護サービスを希望する保護者は、担当ケースワーカーに連絡をするだけです。担当ケースワーカーが、保護者が希望する居宅介護支援事業所、地域包括支援センター、主治医の系列の居宅介護支援事業所のいずれかに連絡してくれます。あとは一般の人と同様の流れで、ケアマネージャーがケアプランを作成してくれ、介護サービスを無料で受けることになります。一割の自己負担分は、福祉事務所から直接業者に支払われます。

要介護4の寝たきりの保護者で、毎日ヘルパーに来てもらい在宅生活を送っている人もいました。

以上、六五歳以上の保護者を前提に説明してきましたが、六五歳未満の保護者も介護サービスを受けられることがあります。障害者手帳を持っている保護者は、障害者施策での介護サービスを必要に応じて受けることができるのです。

また、がん（末期がん）、関節リウマチ、脳血管疾患、パーキンソン病、初老期における認知症など、一六種類の「特定疾病」に該当する人は介護サービスを受けることができます。たとえば脳梗塞（脳血管疾患に該当）の後遺症で生活が困難な保護者は、ケースワーカーが手続きをして介護認定を経て、介護サービスが受けることができるのです（「生保一〇割」）。ただし、脳梗塞による障害者手帳がある保護者は、障害者施策での介護サービスが優先され、足らないぶんのサービスを保護で受けることになります。

4 在宅生活が困難になった保護者の処遇

介護保険施設（「特別養護老人ホーム」「介護老人保健施設」）への入所利用は、要介護以上の人が利用できるのですが、現実的には介護報酬が成り立たない事情もあって、要介護3

以上の人しか利用できないのが現実です。しかも都市部の施設は、数十人から一〇〇人以上の人が入所待機待ちというのが少なくない状況です。遠方で交通の便の悪い施設なら空きがあればすぐに入所できますが、親族の面会も少なく疎遠になりがちとなりますので、おすすめできません。

六五歳以上で要介護2以下の保護者、六五歳未満の保護者で在宅生活が困難な人はどうすればいいのでしょうか。

身辺自立できている保護者は、「養護老人ホーム」への入所が考えられます。養護老人ホームは、入所すると保護打ち切りとなります。一定程度年金のある保護者は、その六割程度を施設利用料として支払い、残りの年金で国民年金保険料や医療費を支払うので、年金の少ない保護者の場合、残る小遣いはわずかとなります。さらに年金のない保護者は施設利用料は不要ですが、月額一万円程度の小遣いがもらえるだけですので、国民健康保険料・医療費を支払えば小遣いも残りません。

次に考えられるのは、介護認定を受けている保護者で、「介護サービス付き高齢者向け住宅」（「サ高住」と略します）です。保護は打ち切りにはならず、在宅基準の保護費が出ますが、「サ高住」には営利主義の傾向があり、利用料を差し引くと手元にはわずかなお金しか残りません。

さらに考えられるのは、要介護認定を受けていて認知症のある保護者の、「認知症対応型共同生活介護（グループホーム）」です。「サ高住」同様、在宅基準の保護費が出ますが、やはり営利主義の傾向があり、こちらも手元にはわずかなお金しか残りません。

精神障がい者の保護者では、精神障がい者向けの「グループホーム」「救護施設」の利用が考えられます。グループホームは、精神科病院に付設していることが多く、病院の退院者が優先されがちで利用は少ないです。

救護施設は保護者しか入所できない施設で、空きが出しだい入所可能です。ケースワーカーは年一回救護施設を訪ね、入所者に入所生活について聞き取り調査を実施しますが、大半が「満足」と答えてくれます。精神的に不安定でナイーブな保護者を対象としますので、施設側の対応もおおらかなものであるからかもしれません。

養護老人ホーム以外は、終《つい》のすみかではなく、あくまでも通過施設です。特に精神障がい者向けのグループホームや救護施設では、自炊などの生活訓練や軽作業を入所プログラムとして取り入れており、社会復帰を前向きに考えてくれています。

5 ケースワーカーとケアマネージャーとの連携

ケアマネージャーは、保護者の介護サービスの利用は大歓迎です。困ったことがあればケースワーカーと連携し、ともに相談し合います。サービス利用料の一割の自己負担額は、保護で見てもらえるので、上限額いっぱいまで満足のいくサービス提供ができますし、介護報酬も増えます。一割の自己負担額も、医療券と同様に「介護券」対応なので取りっぱぐれもありません。

逆に、ケースワーカーも保護者の介護サービスの利用は大歓迎です。保護者の安否確認をしてもらえて安心ですし、ケアマネージャーから保護者の生活情報を得ることができます。福祉事務所によっては、介護サービスが導入されている老人家庭は、年二回訪問すべきところ年一回でよしとしているところもありますので、ケースワーカーの訪問回数の負担が軽減されます。私の印象では、ケアマネージャーは保護者の介護ケアに熱心で、良心的で頼もしい人が多かったです。

介護サービスや施設などの入所と入居は、ケースワーカーから強制されるものではありません。ケースワーカーが必要と考え、介護サービスの利用をすすめても、「他人の世話にはなりたくない」として、拒む保護者も少なくはありません。施設などへの入所・入居も、ケースワーカーから理解を求めようと説得することはあっても、最終的には保護者自身の意思が尊重されますので安心してください。

第7章

障がい者「問題」と生活保護

障がいのために働けず、保護を受けている障がい者（特に精神障がい者）は多いです。障がいがあるため働けず、その生活保障をすべき「障害年金」があまりにも少ないからです。

本章の表題にあえてカッコつきで、「問題」と記したのは、アメリカの黒人問題が「黒人の側の問題」ではなく、あくまでも「白人の側の問題」だといわれるように、障がい者の「問題」もまた同様であるからです。本章ではそんな「問題意識」から、障がい者の「問題」を考えてみたいと思います。

①身体障がい者は「気の毒な人」?

身体障がい者について、世間には「身体の不自由な人」「気の毒な人」との認識を持って同情心を示す人もいます。身体障がい者は、けっして「気の毒な人」ではありません。片腕のない身体障がい者は、片腕がなくても何ら生活に「不自由」はしていません。片腕のない障がい者は、それなりに工夫をしながら普通に生活できているのです。また、「足の不自由」な障がい者にとって、車椅子は彼らの足なのです。

私は視覚障がい者の学校で、教員の下請けのような仕事(「介助員」)をしていたことがあります。視覚障がい者の学校の子どもたちは、風の流れを察知して、平然と廊下の角を曲がりますし、給食の牛乳もスンナリと瓶に手が伸びて、普通に飲むこともできます。音感にすぐれ、上手にピアノを弾くこともできます。車のドアの開閉の音で、その車の車種を言い当てる子どももいました。クリスマス会の暗闇の会場では、点字を読んで司会進行役もやってのけていました。

知的障がい者の子を持つ親に対して、世間一般の人々のなかには「知的障がいの子どもを持ってかわいそう」という差別的な同情心を持つ人もいます。私は知的障害者施設で、「指導員」の仕事をした経験がありますが、知的障がい者を子に持つ親は健常者の子を持つ親よりむしろたくましく、子がいつまでも幼いままでいてくれるので、その愛情は「健常者」の親よりも深いものを感じました。

2 精神障がい者は怖い？

私がケースワーカーとして、初めて精神障がい者と接してみて最も強く感じたのは、身体、知的、精神の三つの障がいのなかで、精神障がい者が最も差別抑圧されているということでした。

精神障がい者の事件がマスコミに報道されるにつけ、世間の人々は「やはり心を病んだ人は、何をしでかすかわからない」という、精神障がい者への予断と偏見を醸成させています。しかし現実は、精神障がい者の犯罪率よりも「健常者」の犯罪率のほうがはるかに多いという統計が出ています。

精神障がい者は、身体・知的障がい者のように障がいが目に見えないので、親族からさえ「働かないのは甘えているだけ」「辛抱が足りない」として、非難を受け疎まれています。精神障がい者は、「がんばろう」とするほど、病状が悪化する人が多いのです。「なぜ○○さんは、健康なのに働かせないのか！」といった、福祉事務所へのタレコミの電話も少なからずあります。

私の所見では、精神障がい者はとても優しくナイーブです。そうであるからこそ発症しやすいのでしょうし、アルコールや薬物に依存し現実逃避してしまいがちです。

精神障がい者の精神病院への入院期間は、日本では一年以上ですが、北欧では三カ月にすぎません。精神障がい者が地域で生活していける、地域の社会システムネットワークの確立が、日本では遅れているからです。

精神病院に一年どころか十数年以上の長期にわたって入院している保護者の患者が数多くいます。精神病院と特別養護老人ホームとを訪問して感じるのは、明らかに後者よりも前者のほうが、心身ともに自立できている人が多いということです。精神病院には、退院しても行き場のない、「社会的入院」患者が多くいるのです。精神障がい者は精神病院に長期入院を余儀なくされ、社会から隔離・抹殺されているといえます。

精神障がい者に多い「統合失調症」の人は、高齢になるにつれ症状は安定していきます。「統合失調症の患者は、薬さえ合えば症状は改善される、最も扱いやすい患者」だと、精神科医から聞いたことがあります。

私は高校時代、朝日新聞の大熊一夫記者の書いた『ルポ・精神病棟』（朝日新聞社、一九七三年）を読んで、精神病院の入院患者へのむごたらしい処遇実態に強い衝撃を受けました。著者がアルコール依存症に扮して精神病院に故意に入院し、患者への処遇の実態を暴露した体験ルポです。現在では、入院患者への処遇も大きく改善され、精神保健福祉士（ＰＳＷ）が配置されている病院も多くなり、患者の社会復帰を促進しています。

私もケースワーカーになったころに、精神病院の入院患者の地域での在宅生活に移行させるための取り組みを行っていました。たとえば、一六年間も長期入院していた高齢保護者を、養護老人ホームへ入所させたりもしました。その統合失調症の患者の主治医は、退院・入所に際して「この人は病気ではない。軽い睡眠薬を処方しているだけ」と話してくれました。精神病院は「治療の場」であり、養護老人ホームは「生活の場」であるため、その処遇はまったく違います。その保護者も養護老人ホームでの生活にも慣れ、たいへん喜んでおられました。

私はケースワーカーになったころ、今と違って膨大な事務量もなかった古き良き時代でした。だから、精神病院の長期入院患者を地域へ返し、施設入所させることができたのかもしれません。

障がい者は、「障害」があるから不幸なのではなく、障がい者への差別社会、障がい者が地域で生きていける社会システムネットワークの不備が、障がい者の「不幸」を不幸たらしめているのです。

私たち「健常者」は、障がい者に差別的な「同情」をするのではなく、ともに学力偏重社会、格差社会、生産性能力主義社会、差別社会に生きる対等な人間として手を取り合うことこそが、求められているのです。

第3部

ケースワーカーからのアドバイス

第8章 ケースワーカーとうまくつき合いましょう

本章ではケースワーカーの仕事の実態を理解していただくことによって、ケースワーカーと上手につき合うコツを紹介したいと思います。前述しましたが、ケースワーカーも一人の人間にすぎません。公務員としてあってはならないことですが、やはり人間には当然ながら「情」というものがあって、好感の持てる保護者に対しては、保護者の相談や問題解決につい力が入ってしまうものです。ケースワーカーにとっても、保護者と上手につき合うことが仕事上のコツでもあります。

同じ公務員であっても、市民課窓口で機械的に住民票を交付する職員に人間の「情」は必要ありません。マニュアルどおりに丁重に市民と対応する職務にすぎません。一方のケースワーカーは、保護者の個人情報を十分に把握したうえで、二年、三年と保護者とつき合い、互いに人間としての信頼関係を築くなかで成り立っている仕事です。したがって、ケースワーカーの事情や環境をよく理解することが、ケースワーカーとの人間関係を潤滑にする近道だといえるでしょう。

① ケースワーカーってどんな人？

では、そもそもケースワーカーとはどんな人なのでしょうか。ケースワーカーは、すべて地方公務員かそれに準じた人ですが、必ずしも保護制度に精通した人ばかりではありません。先日まで役所の窓口で住民票や戸籍謄本などを市民に交付していた職員が、一片の辞令によってケースワーカーになるケースも少なくありません。ケースワーカーを希望する人は、むしろ少数派です。多くの職員は保護の仕事は「神経を使う」などと思っています。反対に保護の仕事を希望すれば、ケースワーカーのなり手が少ないので、おおむね希望どおりに異動させてもらえます。概して保護の仕事にかかわらず、福祉の仕事はしんどいのが現状です。

大都市部の自治体によっては、福祉の専門職員を採用しているところもあります。学生時代に福祉の勉強をして、将来福祉の仕事がしたいと専門職採用試験を受け、福祉職場（多くは保護のケースワーカーですが）に配属されるのです。

矛盾した言い方ですが、私は「仕事は嫌いですが、保護の仕事は大好き」です。保護の仕事ほど、市民である保護者と密着した仕事はありません。保護者の生活歴から病状まで把握し、保護者の家まで訪問し、保護者の人とつき合う仕事はほかにはないでしょう。

仕事は「実施要領」などにもとづいたマニュアルになっているので、休暇も取りやすいです。担当ケースワーカーがいなくても、係長（ＳＶ：スパーバイザー）や同僚がカバーしてくれます。保護者から叱られたり罵倒されたりすることもありますが、自分の仕事によって保護者が喜んでくれることが何よりもの仕事のやりがいになります。

ケースワーカーになった人には、両極端のタイプがあるように思います。処遇困難なケースに悩まされ、やっぱりうっとうしいからと異動希望をすぐに出すような人と、保護の仕事が面白いからと福祉専門職でないにもかかわらず、一般行政職でケースワーカーを二〇年以上もやっているような人です。私は後者のタイプです。

ちなみに、ケースワーカーの本来業務である「ケースワーク」とは、問題・課題をかかえた個々人、家庭に対して社会的資源や施策を活用・コーディネートして、援助・支援していくソーシャルワーク（社会福祉援助技術）を要する行為といわれます。よって、広く浅く社会的資源や施策の知見を要します。

保護者は、ケースワーカーに、「ケースワーカーになって何年目ですか？」と率直にたずねてみましょう。ケースワーカー歴の長い人ほど、自分の仕事に自信と誇りを持っていることでしょう。新任（一年目）のケースワーカーが必ずしも悪いとはいえませんが、「大変ですね」とねぎらってあげ、そのケースワーカーを見守ってあげましょう。

② ケースワーカーの担当保護件数

ケースワーカーは一人で何人の保護者を担当しているのかご存じでしょうか。その担当件数は、八〇家族に対してケースワーカー一人という数字が厚生労働省によって定められています。一家族二人平均として約一六〇人程度の保護者を担当している計算になります。保護者の多くは、その件数の多さに驚きます。なかには自分一人のための担当者だと思い込んでいる保護者がいたりもします。

保護者とのなれ合いを防ぐため、二〜三年程度で担当地区の変更が行われます。二〜三年間というと、保護者もケースワーカーも互いに慣れ親しみ、信頼関係ができあがる期間ですので、もどかしいかぎりです。

担当地区が変わると、ケースワーカーは前任者とともに全戸訪問し、担当変更のあいさつに回ります。保護者はケースワーカー一人を新しい担当者として覚えればいいのですが、ケースワーカーは約一六〇人の保護者の顔と名前を覚えなくてはならないからたいへんです。

担当地区が変更になって間もないころ、ある保護者が私を訪ねて医療券を取りに来られました。私は顔も名前も思い出せませんでした。「どちら様でした？」と聞くのもはばかられますので、私は生年月日をたずねることにしていました。パソコンで生年月日から氏名を検索し、何とか医療券を交付してしのぎました。保護者の皆さん！　担当ケースワーカーが保護者の顔と名前を覚えていなくとも、どうかお許しください！

3 意味のない「扶養照会」

保護における扶養照会は、二〇一二年に起こったお笑い芸人の河本準一さんの「事件」(母親が保護を受けているのに経済的援助をしていなかったこと)以後、厚生労働省は扶養照会の徹底を福祉事務所に要求してきています。扶養照会は、民法第八七七条一「直系血族及び兄弟姉妹は、互いに扶養をする義務がある」にもとづいて、厚生労働省はそれを奨励していいます。ちなみに民法の規定は努力義務にすぎず、罰則はありません。

扶養照会では、保護者の親子、兄弟姉妹、離婚した夫に対して、援助・養育費を求める手紙を郵送します。親子、離婚した夫については年一回、兄弟姉妹については三年に一回郵送することになっています。回答の返送がない場合は、再度扶養照会の手紙を郵送することになっています。

少なくとも都市部では、「金銭的援助や養育費を払うことができる」との回答は千に一つもありません。逆に扶養照会を契機に、これまで金銭的援助や養育費をしてきた人から、「不況による減収などで援助できなくなった」との回答が返ってくることのほうが多いぐらいです。さらに親族に扶養照会を実施したために、親族に保護を受けていることが知られ、親族間の交流が途絶してしまうこともあります。

ケースワーカーは、扶養照会については、「労働力・切手代・紙パルプ資源の浪費」と考えていますが、仕事なので「無駄なことをしている」と思いながら機械的にやむなくやっています。扶養照会は費用対効果を考えれば、明らかに税金の無駄遣いです。

保護者の息子さんへ扶養照会を郵送して間もなく、その息子さんから電話がありました。いわく、「何で、こんな手紙を送ってくるのか！　手紙を嫁に見られたら、離婚話にもなりかねない！　そうなったら、お前ら責任を取ってくれるのか！　二度とこんな手紙送ってくるな！」と、たいへん怒っておられました。しかし、私はニンマリです。この電話内容をケース記録の記事に書いておけば、以後その息子さんへ扶養照会を実施しなくてもすむからです。仕事が一つ減った、というわけです。

民法八七七条一があるかぎり、厚生労働省は扶養照会を福祉事務所に要求し続けるでしょう。なお、個人主義の欧米諸国では、前近代的な保護の扶養照会などしていません。

扶養照会はされる側の保護者にとって不快なものであり、やる側のケースワーカーにとっても手間のかかる非生産的な作業です。面接員やケースワーカーから扶養照会の実施を求められても、「長年音信途絶で今さらやめてほしい」「親族との関係が悪くなるのでやめてほしい」などと正直に話しましょう。面接員やケースワーカーは仕事上、扶養照会への同意・協力を説得するでしょうが、とりわけ扶養照会を実施するケースワーカーにとっては、大助かりというのが本音です。扶養照会を拒んだからといって、保護受給できないということはけっしてありません（扶養照会については「おわりに」でも触れています）。

④ 年度末、仕事に追われるケースワーカー

毎年度、年末から三月末にかけて、ケースワーカーは多忙な時期を迎えます。毎年度四月一日付で、厚生労働省が施行する保護の「基準改定」に合わせて、保護者全員の処遇の総決算ともいえる、担当保護者全員の「援助方針」を「ケース記録」に記載し、課長決裁を受けねばならないからです。

そのため最も重大な課題である、稼働年齢層（満一六歳以上六五歳未満）の保護者の病状を聴取し、既定の訪問回数を満たすこと、必要書類の不備を補うため、ケースワーカーは奔

走します。ある精神科医も、この時期ケースワーカーからの病状聴取依頼が突然多くなるとボヤいていました。長らく顔を見せなかったケースワーカーが突然保護者宅へ訪問して面談したり、必要書類に署名・押印してほしいと依頼したりするのはそのためです。

ケースワーカーが忙しいからといって、保護者からの相談をおざなりにすることはできませんし、急を要する相談もあります。新規申請ケースが減るわけでもありません。

多忙なケースワーカーのゲンナリした顔を見るかもしれませんが、保護者は遠慮なく必要な相談をしてください。それがケースワーカーの仕事であり、使命なのですから……。

5 問われるケースワーカーの人権感覚

ケースワーカーは、保護者をどんな目で見ているのでしょうか。保護者の側に寄り添い、保護本来の経済給付にもまして保護者の生活を支援するため、あらゆる施策を駆使して文字どおり「ケースワーク」に熱心なケースワーカーは多くいます。一方で保護者を見下し軽蔑したり、蔑称で呼んだりする差別的なケースワーカーもいないわけではありません。

「全国公的扶助研究会」（以下、「公扶研」と略します）という組織があります。公扶研は多くのケースワーカーや、研究者・学生で構成された組織です。ときには厚生労働省にも申し立てをするなど、全国で唯一「保護者の側に立った組織」として、私はたいへん評価しています。

年に一回主催する「公的扶助研究会」は、厚生労働省主催の全国研修会よりも面白いですし、保護者のために仕事をがんばろうという覇気と勇気を得ることができます。福祉事務所によっては、公扶研の全国研究会への参加は、出張扱いとなり、参加費と交通費を支給しているところもあります。ただ、この公扶研に問題がないわけではありません。

公扶研の前身であった「公的扶助研究会全国連絡会」の機関紙『公的扶助研究』が、一九九三年刊の「第一四五号」に「第一回福祉川柳」を掲載しました。その川柳のなかに、以下のようなものがありました。

金がない　それがどうした　ここ来るな

訪問日　ケース元気で　留守がいい

暗くても　やってられない　この仕事

この三句はまだましなほうで、公表できない差別川柳がまだあるといいます。ネット検索してみましたが、ヒットしませんでした。しかも掲載に際して「マスコミ関係者の目に触れぬようご注意ください」とまで注釈もつけていたといいますから、確信犯的「福祉川柳差別事件」です。

公扶研はその反省から一年間活動を休止し、その「総括」記事を掲載して活動を再開しました。その「総括」を読んで、私は茫然としてしまいました。川柳による差別表現の責任は、公的扶助研究全国連絡会の掲載責任であるとしたうえで、差別表現は国の悪しき保護制度そのものと、ケースワーカーへの業務負担増加によるストレスによるものと「総括」されていました。

その差別表現の原因を、私も否定はしません。しかし私は、「それだけでいいのか」と言いたいのです。すべての差別は、資本主義的差別社会構造（「下部構造」）のうえにあることは認めます。資本主義社会という差別社会では、「まるで空気を吸うように」人々は差別意識を醸成させていきます。

だからこそ自らの差別意識を主体的にとらえ、自己否定することが求められます。科学的・弁証法的にいえば、「差別意識（上部構造）が資本主義的差別構造（下部構造）を規定する」という両者の弁証法的「矛盾」が存在するといえるのです。「資本主義という差別社会（下部構造）が、私に差別意識（上部構造）をもたらしているので、私は悪くない」ではすまされないのです。かくいう私自身、二〇年間ケースワーカーの仕事をしてきて、保護者への人権感覚の後退や麻痺を感じることもあり、日々反省しきりでした。

それでもなお、公扶研こそ保護者の側に立った唯一の全国組織であるという私の最大限の評価に変わりはありません。公扶研の活動に熱心なケースワーカーは、多忙ななかケースワークに取り組み、保護者に寄り添う良心的で親切な人が多いです。

もし皆さんが、ケースワーカーが自分のことをどう書いているのかを知りたいときは、ケース記録を「公文書開示請求」して閲覧することも可能です。

⑥ ケースワーカーの天敵「監査」

ケースワーカーの仕事は、年々忙しくなる一方です。厚生労働省のお達しで、「あれもしろ」「これもしろ」と、どんどん仕事量が増えています。

「年一回、保護者の預金通帳をチェックして、資産申告書を取れ」「扶養照会の回数を増やせ」「援助方針は詳しく記載せよ」「女性保護者の稼働年齢を、六〇歳から六五歳に引き上げ就労指導しろ」「保護者は新薬ではなく、ジェネリックを処方してもらうよう指導せよ」などと、例をあげればキリがありません。ケースワーカーの本来業務である、「ケースワーク」などしている暇がありません。

保護者への福祉サービスの提供も、おざなりになりがちとなってしまいます。「ケースワーカー」などと名のるのも、恥ずかしいかぎりです。たんなる「事務処理屋」です。そんな職場に嫌気がさして中途退職した、保護者に慕われていたベテランケースワーカーもいました。

保護費財政の四分の三は国が負担し、残り四分の一は自治体が負担しています。金を出してやっているのだから、お上の指導に従えというわけです。厚生労働省と会計検査院は年一回、無作為（必ずしも無作為ではないようですが）に福祉事務所へ、わざわざ東京からやって来て「監査」を実施します。監査では、無作為に抽出した保護者のケース記録や書類を、重箱の隅をつつくように閲覧し、「指摘事項」という置き土産を残して帰っていきます。指摘事項は、お上の言うとおりに事務処理できていないことを指摘して、改善を要求するものです。指摘事項の回答処理をする労力もたいへんです。

運悪く「厚生労働省監査」「会計検査院監査」に当たった福祉事務所は、保護者のことはそっちのけでてんてこまいになります。

そもそも、国の言うとおりに仕事をしたからといって、保護者には何のメリットもありません。逆に保護者への福祉サービスの提供のしすぎ（「乱給」）を指摘されることもあり、監査対策に保護者の手をわずらわせることもあります。

「監査さえなければ、のびのびと余裕をもって保護者へのケアができるのに」とさえ思います。

日々ケースワーカーがやっている事務処理は、監査対策のためです。私は監査で指摘されたぐらいで解雇されることもないと、安易に考えていました。ただ管理職にとって、監査の指摘率は自身の昇進にも影響を与えかねないので、日々ケースワーカーにはっぱをかけているのです。しかし私はそのことをもって、管理職を責めたいとは思いません。それが管理職の仕事だと割り切って考えています。

保護の管理職は、ケースワーカーの経験者も少なくはなく、ケースワーカーの仕事のしんどさを理解してくれています。ケースワーカーにとって管理職は、頼りになるよきアドバイザーであり、保護者のことをともに真剣に考えてもくれます。ときにあまりにも理不尽な監査指摘に、厚生労働省への怒りを共有してもくれます。管理職は優秀な人材であり、人間的にも尊敬に値する人が多いのです。

保護者の皆さんは、ケースワーカーの事務処理を理解していただき、ぜひ協力してあげてください。そうすれば、ケースワーカーとのコミュニケーションもスムーズになります。

⑦ ケースワーカーのさまざまな訪問先

ケースワーカーの仕事のよいところは、一日中事務所のなかで管理職の目を気にしながら、張りつきで仕事をするのではなく、自分の裁量で仕事ができるところです。

しかし、昨今の長引く不況のなかで、公務員に対する市民の目も厳しくなり、公務員も「職務に専念する義務」「コンプライアンスの順守」が重視されてきており、以前のように自分の裁量で仕事をすることが難しくなってきました。公務員の「職務に専念する義務」という、法令順守が徹底されているのです。昔は福祉事務所によっては、クッキーの缶に印鑑を収集していました。なんと公務員が、「有印私文書偽造」を平然と犯していたものでした。

さて、一人住まいや子どものいる家庭では、犬や猫などのペットを飼っている家庭が多いです。私は最初の訪問時、そうしたペットの名前をたずねて記録しておきます。二回目からの訪問では、ペットの名前を言いますと、保護者は「外場さん、名前を覚えてくれたの。外場さん、犬が好きなのね」と保護者は喜んでくれます。私はワンちゃんよりもネコちゃんのほうが好きなのですが「はい」と答えると、保護者は私に親近感を持ってくれるのです。

一人でひっそりと暮らすおばちゃんの保護者の家を訪問するときは、心が癒されます。掃除の行き届いた室内、クラシックな家具類、調理もキチンとされています。反対に一人で暮らす、おじいちゃんやおっちゃんの家はダメです。掃除が行き届いておらず、台所は散らかっていることが多かったです。ただ、男性でも独身生活の長い保護者の場合は、部屋もきれいにし、ご飯を炊いて簡単な調理もこなしている方もいらっしゃいました。

保護者の皆さんは、ケースワーカーが訪問に来るからといって、特段室内をきれいに片づけておく必要はありません。むしろありのままを見てもらいましょう。片づいていない家の保護者であれば、ヘルパーの導入を提案してくれることもあります。

⑧「自立」（保護廃止）しよう！

ケースワーカーにとってうれしいのは、「始め」と「終わり」です。すなわち保護開始決定を伝えたときの、保護者の安心しほっとした笑顔はうれしいものです。保護に慣れてないので、関係も新鮮です。そして保護者が自立して、保護廃止となったときもうれしいものです。とりわけうれしいのは、保護者がまっとうな仕事を見つけて、「就労自立」したときです。ケースワーカーは、「また困ったときがあれば、いつでも相談してくださいね」と、保護者の新しい人生の門出を祝います。

私の担当した母子家庭の保護者で、大手スーパーでパートで働いていて、そこの店長さんと再婚し保護廃止となったお母さんがいます。女性が結婚したために「自立廃止」となるのは、まだまだ日本の社会に、男女の経済格差（女性差別）があるからです。それでもめでたい「廃止」ですので、「将来に幸あれ」と願わずにはいられません。私はそんなケースを、「寿廃止」と勝手に呼んでいました。

保護者の皆さん、とりわけ稼働年齢層の保護者は熱心に求職活動をして、保護の窮乏生活からの脱却をはかり「自立」しましょう。中高年齢層の保護者は、まずやれる仕事を探して働きましょう。母子家庭のお母さんは、まっとうなパートを探しましょう。社会に出て働いてこそ、新しい出会いがあるものです。あわよくば、「寿廃止」に至るかもしれませんよ。

給料（稼働収入）については、基礎控除が受けられて、経済的にも生活にゆとりができることを第3章②で記したところです。金銭的価値も大事ですが、何よりも働いて社会参加することによる「自己充足感」は大きいものです。仕事から帰って一杯飲むビールの味は格別なものですよ。

⑨ 保護申請に要保護者と同行して来る人々

ある日、課長に直接電話がありました。議員さんからでした。「これこれの人が保護申請に行くのでよろしく」といった、議員さんからの口利きです。ときとして議員さんのなかには、自分の権威をもってすれば、何でもまかり通ると思っている人もいます。生活に困った要保護者が、議員さんの事務所に相談に行き、「よっしゃ。ワシが福祉事務所のエラいさんに電話一本入れておいてやろう」といった、議員さんの姿が目に見えるようです。また要保護者のなかにも、「議員さんや役所のエラいさんを知っている」などと自慢する人がいます。面接員やケースワーカーは、権威を盾に無理を通そうとする人を好みません。そんなとき、私は逆に闘志を燃やしてしまいます。

一方で「生活と健康を守る会」(以下、「生健会」と略します)なる団体があります。

生健会は、「人間らしく生きる権利と平和を守る」ことを理念に、一九五四年に発足した団体で全国に連合会があり、上部団体として「全国生活と健康を守る会連合会」(以下、「全生連」と略します)を有する全国組織です。福祉関係者以外あまり耳にしない団体ですが、保護者や生活困窮者の人たちを組織しています。

生健会史上、また保護制度史上語らずにはいられない、高校の教科書にも載っていた有名な「朝日訴訟」というのがあります。一九五七年当時、保護を受給していた朝日茂さんが、憲法第二五条の生存権を求めて、保護制度の内容を争った行政訴訟です。残念ながら敗訴して結審しましたが、裁判をめぐって保護制度の抜本的な見直しを勝ち取りました。生健会は、その裁判に全面的な支援をしていました。

生健会の人が、要保護者の保護申請に同行して来所することがあります。生健会の人たちは保護制度について熟知しています。要保護者の生活の実情をしっかりと把握し、保護申請に必要な持参物もそろえ、すっかりお膳立てして来るので、スムーズに即日保護申請受理となります。ときにはお叱りを受けることもありますが、健康な稼働年齢層の要保護者に、「就労指導」までしてくれるので助かります。年一回程度、福祉事務所との課長交渉を実施しているところもあり、生健会は福祉業界ではもはや公認団体でもあります。

「民主商工会」（以下、「民商」と略します）の人も、経営破綻した「町の社長さん」の、保護申請に同行して来る人です。民商は「自営業・小企業・フリーランスなど、小規模な事業者が助け合い、励まし合って、営業と暮らしを守る団体」（民商の全国組織「全国商工団体連合会」のホームページより）です。全国約六〇〇の事務所を有し、会員は全国一六万人といいます。民商の人は親切な人が多いので安心です。

ＮＰＯ法人を名のり、ホームレス・派遣切りの人などを支援する団体もあります。彼らは福祉事務所を訪問するホームレスに同行して来て敷金支給を強く要求してきます。「家がないと保護は受けられない」と思い込んでいるケースワーカーもいますが、まったく正当な要求なのでたじたじです。

要保護者の皆さんは、一人で保護申請に行くよりも先述した団体の人や、よくよく信頼できる知人と同行して行くほうが望ましいでしょう。けっして福祉事務所を威圧するためではなく、あとで「言った・言わない」というトラブルを回避するのにもつながります。知人に保護のケースワーカーないし経験者がいれば、怖いものなしでベストです。

⑩ 市民からの通報

「保護者のAさんが、福祉事務所に内緒で働いている」「保護者のBさんの家に、Bさんの息子が内緒でいりびたっている」「保護者のCさんが、働かないで朝から酒を飲み、パチンコばかりしている」といった、市民からの通報電話がよくかかってきます。保護の不正受給をあばく、ありがたい情報ではあります。通報者は不思議と、該当する保護者のことをよく知っています。意外と保護者の友人かもしれません。決まって匿名の通報が多いのですが、なかには「匿名の通報があったこともいわないでほしい。でないと通報者が自分であることが保護者にわかってしまう」(やっぱり友人?)という通報者もいます。

市民からの通報に対して、ケースワーカーは該当する保護者の個人情報を守る義務がありますので、通報者に調査の結果を返すことはできません。通報は保護者の個人情報に関わる、デリケートな取り扱いをしなくてはなりませんし、もどかしい課題でもあるのです。

先述したように、保護者の友人とおぼしき通報はかなり多いです。友人は保護受給していることに対して、「ねたみ」や「そねみ」を持ちやすいのだと思います。よほどの信頼できる親友以外は、軽々しく保護受給していることを言わない方がよいでしょう。「どうして生活しているの？」と聞かれれば、稼働年齢層なら失業保険や蓄え、高齢者なら年金、死別母子家庭なら「遺族年金」、生別母子家庭なら養育費や親の援助などと、さらっとごまかすのも良策です。

⑪ 福祉事務所と医療機関との関係

福祉事務所は、医療扶助による医療行為を医療機関に委託しているため、医療機関と密接な関係にあります。保護者は意外に思われるかもしれませんが、保護費予算の半分は医療費が占めています。

医療費は、健康保険では自己負担三割ですが、保護の医療費は全額一〇割を福祉事務所が医療機関に支払っています。保護者も国民健康保険に加入して、自己負担三割だけを医療扶助で対応すればいいと思われるかもしれません。しかしそうならないのは、保護者に傷病者が多く、それでなくても財政難な国民健康保険制度が破綻しかねない実情があるからなのでしょう。

世間では病気で入院すると、とてつもない入院費用がかかると思っている人もいます。健康保険加入者は「高額療養費制度」を利用すれば、所得に応じた数万円程度を上限額とした自己負担額を支払えばすみます。所得の少ない人であれば自己負担額の上限が四万円程度ですので、三食付きで一カ月入院すれば、一カ月家で生活するよりも安くすむという逆転現象も見られます。保護者は大半の人が社会保険に加入していないので、この高額療養費制度が適用されません。そのため保護者が一カ月入院すると、最低でも三〇万円以上を病院に支払っています。

ケースワーカーは、病気のある稼働年齢層の保護者の病状聴取のために、いくたびも医療機関を訪問します。そのため、場合によっては、「上から目線」の医者や、高圧的な看護師に出会うケースもたびたびあります。たとえば、医者と訪問日時を約束して医療機関を訪問しても、約束の時間から三〇分以上、場合によっては二時間も待たされたこともありました。にもかかわらず、医者や看護師からは「お待たせしました」の一言もありませんでした。人を待たせるのを当然のように思っている医者や看護師もいるのです。

ある日、医者から電話がかかってきて、「今すぐ来い」と言われたので、行ってみると「保護者の患者が暴言をはいて困っている」ということでした。ただ、ケースワーカーは保護者の親族でもなければ、医者の用心棒でもありません。私は、「警察に通報するなり、一般の患者と同じ対応をしてください」と言って帰って来ました。

また、病院の看護師長から電話があり、「身寄りのない保護者が入院しているので、洗濯をしに来い」と言われたことがあります。私たち公務員は、本来業務に専念する義務がありますので、業務時間をボランティアに充てることはできません。看護師長も、自分たちの業務ではないと言い張ります。

ただ、福祉事務所は保護者への医療行為を医療機関に「委託している」のであり、医療機関は「委託されている」という関係にあります。そうした基本的な関係を理解していない医者や看護師もおり、本来ケースワーカーの業務でない仕事を押しつけてくるケースもあるのです。

第9章 お金のかからない余暇の過ごし方

私は保護者に、「日ごろ何をしてお過ごしですか?」と、たずねることがありました。大半の保護者は、テレビを見て過ごしています。よくて、散歩や読書程度です。とりわけ精神疾患の保護者は高学歴の人も少なくなく読書を楽しんでいることがあります。「趣味には金がかかる」と、玄関にゴルフクラブ一式を放置したままの保護者は言いました。

そこで本章では、無料・格安で余暇を楽しく過ごせる方法を、いくつか保護者に提案してみたいと思います。

① タダで健康になれる「散歩」

散歩ほどお金がかからず、健康的なものはありません。私は自宅から東西南北に、八つのプライベート散歩コースを設定し、一日一時間半から二時間程度、散歩を楽しんでいます。毎日同じコースを散歩するより、気分も変わってより楽しいものです。

② お金がかからず知見を広げる読書

私は「活字中毒」で、本さえあれば何時間でも人を待ったり、電車に乗っていられます。かつての通勤時間は、格好の読書時間でもありました。一年間で四〇〇〇冊以上の本を読んだこともあります。

本は高価なので、地域の図書館を利用すればよいでしょう。私は近隣に図書館がないので、古本屋に行って一冊一〇〇円・三冊で二〇〇円といった古本を買いあさり、読んでいます。ただあまりにも古い本なので、ストーリーにケータイやスマホは登場しません。どことも知れぬ密室に閉じ込められた主人公が、外部と連絡もとれず場所もわからず、事件解決が困難になるというミステリー小説は、現在では成立しえません。

読書は知識の宝庫であり、想像力を働かせ見識を広げられる趣味でしょう。

③ 俳句をしてみませんか

私は六〇歳にして俳句を始め、いっぱしの俳諧師を気取っています。俳句の初期投資は、夏井いつき先生の入門書『夏井いつきの世界一わかりやすい俳句の授業』（ＰＨＰ研究所、二〇一八年、本体価格一四〇〇円）と、八〇〇〇の季語が載った『増補版 いちばんわかりやすい俳句歳時記』（辻桃子・安部元気著、主婦の友社、二〇一六年、本体価格一五〇〇円）でした。

ご承知のように俳句は、五・七・五の定型と、季語をもり込むだけの簡単なものです。「世界で最も短い詩」といわれる俳句は、自分の感じた季節感を、自由に思うがままに作ればいいのです。

私は、メモとペンを持って散歩に出かけ、自分の見たこと感じたことを、メモしながら歩いています。漫然と散歩して歩くだけではなく作句しながら歩くと、日々季節の移り変わりを体感できます。

④ 野趣あふれる花々に囲まれて

作句しながら散歩していると、俳句の季語は植物が多いので、自然と野辺に咲く花々に目がいきます。タンポポ、菜の花、スミレ、野菊といった雑草の花をよく見るとなかなか美しく可愛いものです。私は、作句用のメモ・ペンとともに、大きめのレジ袋とハサミを持って散歩に出かけています。雑草の花々を手折っては家に持ち帰り、花瓶に飾っています。

花瓶といっても、「一〇〇均」で購入した深めのコップです。切り花用の活性剤も一〇〇均で購入したものです。私の部屋には、現在六つの花瓶（?）に雑草の花々を生けており、野趣あふれる部屋になっています。散歩と俳句と雑草の花をコラボすると、散歩するのがさらに楽しくなります。

（注）他人の家の庭や、公園・街路樹など公共の場の花を手折るのは、絶対にやめましょう。「侵入窃盗」になってしまいますよ。

5 「広報誌」をまめに見ましょう

自治体の発行する「広報誌」には、啓発講演会・講習会・公共施設の見学会などの参加無料の各種イベントや「少年自然の家」のバーベキュー付き一泊キャンプ、母子家庭を対象とした日帰り旅行など、無料のものや二〇〇〇〜三〇〇〇円で参加できる格安情報が満載です。

自治体主催の企画は採算度外視ですので、無料・格安で楽しむことができるのです。

6 無料の昼食付き見学会に参加しましょう

葬儀会館や有料老人ホームの見学会では、説明会や見学に時間を要しますが、意外と勉強になることもあります。説明会や見学会のあとは、ちょっと豪勢な昼食を無料で提供してくれたり、ときには最寄りの駅まで送迎をしてくれることもあります。

⑦ 住宅展示場のイベントに参加しましょう

母子家庭の保護者は、子どもを連れて住宅展示場のイベントに参加してはどうですか。ヨーヨー釣りや金魚すくい、戦隊ものやアンパンマンなどの、キャラクターショーに無料で参加できます。

ついでに各社住宅の見学もすると、ちょっとセレブな気分にもなれます。粗品をもらうこともありますよ。

⑧ 裁判の傍聴などいかがでしょうか

裁判は「公開」が原則ですので、誰でも無料で傍聴することができます。裁判所の玄関には、当日の裁判予定表が置いてあります。事件名・開廷時間・法廷室が書いてありますので、半日程度の傍聴スケジュールを立てて傍聴するとよいでしょう。

結審の裁判は、判決を被告に言い渡すだけで一〇分程度で終わってしまうので面白くありませんが、継続審議は被告の生い立ちから事件の詳細まで事細かく審理するので、見ごたえがあります。一つの事件を初公判から結審まで追って傍聴するのも面白いですよ。

傍聴席には、背広を着た弁護士、裁判官、検察官の卵や、被告の親族とおぼしき人がいますが、普段着の人も見受けられます。いわゆる「傍聴マニア」の人たちです。休廷中喫煙コーナーでマニアたちが、「この事件は懲役一年、執行猶予三年といったところでしょう」などと話しているのを聞きました。

ある日、「特殊詐欺事件（振り込め詐欺など）」の傍聴席に座ると、いつもとは違う雰囲気がありました。傍聴席を見渡すと、黒い背広をキッチリ着込みサングラスをした傍聴人たちが固まっていました。なんと、被告が暴力団幹部の裁判だったのです。怖かったぁ〜。（参考文献）『裁判長！ここは懲役4年でどうすか』（北尾トロ著、文藝春秋、二〇〇六年）

9 家にいて旅行気分が楽しめる

自分が旅行してみたい地方の観光協会・役所の観光課へ電話をして、「観光資料を送ってください」と告げてみましょう。すると一週間もしないうちに、観光案内やパフレットをどっさり郵送してくれます。それらを見ながら、旅行気分を味わえます。意外に楽しいものですよ。

⑩ 競馬の予想を楽しむ

ギャンブル依存症の保護者にはおすすめできませんが、遊び程度に中央競馬の重賞レースの馬券を買っていた保護者なら、土・日の朝にはスポーツ新聞を購入し、一レースから最終レースまで予想をしましょう。ただし、馬券を買ってはいけません。あくまで予想するだけです。予想は、出馬表のデータを駆使して行いますので、頭を使って認知症予防にもなります。

午後三時になりますと、一レースからのレース結果や、メインレースの実況放送を見ることができます。予想で想定した出資金額と配当金額を、こまめに記録しておきましょう。競馬がいかに儲からないかを知ることになるでしょう。もとより胴元である日本中央競馬会が掛け金収益の二五％を取り上げてしまうのですから、確率的にも競馬で儲けることは無理なのです。

⑪ 無料でレンタルDVDを楽しもう

私はこれまでに五〇本以上の映画をDVDで鑑賞してきましたが、ほとんどお金を払っていません。近所のCD・DVDレンタルのチェーン店では、お試し期間であれば旧作DVDが五枚まで返却期限なしで無料なのです。

皆さんの近くにそのようなDVDレンタル店はありませんか？　無料とまではいかなくても、旧作DVDなら一〇〇円程度でレンタルすることができますので、旧作の懐かしい映画を鑑賞してみてはいかがでしょうか。図書館でDVDの貸し出しを行っているところもあります。

以上のような余暇の過ごし方は、むなしいだけとはけっして思わないでください。無料・格安で余暇を過ごすことそのものが、「趣味」になっていくものです。実は私自身がそうなのです。そんな趣味を持って、楽しく充実した保護生活を満喫してみませんか。

第10章

「現役保護者」との対談

● **現役保護者、高岡雅広氏（六一歳、仮名）のプロフィール**

公立工業高校を中退。フリーターを経て、若干二五歳にしてレンタルビデオ店を開業。六店舗を有する年商三〇〇〇万円の株式会社にまで成長させ、資産総額二億円まで増えるが、五五歳で経営に行き詰まり会社を廃業。なお、二五歳で結婚するが、四二歳で離婚。長男・長女あり。渡米して一年間の放浪生活後非正規社員として職場を転々とし、五九歳にして保護受給に至る。

対談は、高岡氏宅にて行いました。氏宅は坂道の多い、必ずしも交通至便とは言いがたい、住宅街にある一軒家。室内はきれいに片づけられており、簡単な調理もこなしているとのことでした。

外場　保護申請に至ったきっかけは何ですか？

高岡　介護施設職員として働いていましたが、施設側とのトラブル、うつ病の発症もあって働けなくなり、「社会福祉協議会」へ生活費貸し付けを受けに行ったところ、生活保護をすすめられました。それまで生活保護のことなんて、頭になかったですね。

外場　生活保護が身近ではなかったのですね。初めて保護申請に行ってどうでした？

高岡　面接室で、あれこれ二時間ぐらい聞かれました。いら立ってきて、「もっとわかりやすく説明してくれ！」と怒鳴ってしまいましたよ（笑）。

外場　面接員もケースワーカーも、つい専門用語を使いがちで、理解できなかったことも多かったのでしょう。保護開始決定後は？

高岡　家賃が六万五〇〇〇円で、基準家賃の四万円を上回っていたので、安い家賃の家を探すよう言われました。七カ月後には現在の、家賃四万円の古い戸建住宅に引越しました。福祉事務所も担当者も変わりました。

外場　敷金や引越し代、照明器具・カーテン代も出してくれたのですね。

高岡　えっ⁉　照明器具やカーテン代まで出してもらえるとは初耳です！　それらは自分で買いました。

外場　照明器具やカーテン代などは、転出前の福祉が買いそろえ、転出先の福祉へ移管するというのが保護業界の「仁義」なのですがね。転出前の福祉の担当者は、そのことを知らなかったのですね。

高岡　担当の若いケースワーカーで、保護の仕事をしたばかりと言っていました。

外場　いわゆる、「漏給」というやつですね。今の担当ケースワーカーはどうでしょうか？

高岡　ベテランケースワーカーでとても親切です。うつ病で精神科に通っているので、「焦らずゆっくり生活してください」と言ってくれています。

外場　主治医の精神科医は、どう言っていますか？

高岡　今の福祉事務所からの紹介で受診した精神科なのですが、先生は「これまで波乱の人生を送ってきたのだから、何も考えずゆとりを持って生活するように」と言ってくれました。

外場　福祉事務所からの紹介ということは、おそらく福祉事務所の嘱託医でしょう。福祉の嘱託医は保護者に対して理解があるので、よく診てくれます。高岡さんは六一歳なので、まだ働かなければならない年齢ですが、ケースワーカーの主治医への病状聴取で、就労不可との診断を得たものと思われます。

高岡　そうですか。そういえば、今のケースワーカーから「自立なんとか」と「障害者手帳」の手続きをするように言われ、来週福祉事務所へ印鑑を持って来るよう言われています。

外場　「自立支援医療」と「精神障害者保健福祉手帳」のことでしょう。

高岡　その「自立支援医療」と「精神障害者保健福祉手帳」の手続きをして、何かメリットがあるのですか？

外場　「自立支援医療」の手続きをしても、高岡さん自身には何のメリットもありませんが、精神科の医療費が保護で一〇割支払うところ、一割ですむので市の医療費負担が軽減されて、市の財政が助かります。「精神障害者保険福祉手帳」は、重い順から一・二・三級とありますが、一級の人は月額二万八〇〇〇円、二級の人は一万八〇〇〇円程度の「障害加算」が増額されます。

高岡　保護費がそんなに増えるのですか？

外場　ただ高岡さんの病状からすると、おそらく三級相当と思われますので障害加算は無理でも、公共交通機関の一部が無料で利用できる福祉パスがもらえ、さらに他の公共交通機関の運賃が半額となったり、市の公共施設の利用が無料になったり、映画なども障害者割り引き料金で利用できるようになります。

高岡　それだけでもありがたいことです。それが本当なら、ケースワーカーに感謝ですよ。「働け」と言われるまでもなく、私は月額給料二万円程度の皿洗いのパートをしています。

外場　ということは給料二万円に対して、一万八〇〇〇円の基礎控除が受けられますので、保護費は二〇〇〇円減らされるだけで、残額の一万八〇〇〇円は生活費が増えていることになりますね。

高岡　働いていない人よりも一万八〇〇〇円多いというのは理解できますが、生活に余裕はないです。食べるのが精一杯といったところですよ。

外場　保護を受け出して、何か変わったことはありますか？

高岡　長女とはもともと疎遠でしたが、長男とは電話のやり取りぐらいはありました。ところが保護を受け出してから、長男からの電話はピタッとなくなり、こちらから連絡しても冷たくあしらわれ、今では関係が途絶しています。

外場　長男へ扶養照会して、高岡さんが保護を受けていることを知り、関係が途絶えたのでしょう。福祉事務所も罪なことをしてくれたものですね。友人や知人の反応はどうです？

高岡　私は、保護を受けていることをおおっぴらに、誰かれなくむしろギャグにして話しています。すると、友人・知人との関係は少なくなってきました（笑）。よく考えてみると、これまでの人間関係は元社長ということもあって、互いの利益共有のためだったのですね。それでもなお、つき合いのある友人こそ、真の友人だと思いますよ。

外場　保護を受けていることを隠そうとする保護者が多いなか、保護を隠さない高岡さんは立派ですね。そのために、真の友人が見えてきたと。

高岡　そう思います。親友たちは食事をおごってくれたり、長電話も掛け直してくれますし、お金のかかる遊びにもあえて誘おうとはしないでくれます。

外場　保護を受け出して、ほかに変わったことはありますか？

高岡　そうですねえ。社長時代は、金儲けのことしか頭になかったのですが、安定した生活をしていると、いろんなことに興味がわき、わからないことがあるとスマホで検索して、調べものをしています。知識が増え視野が広がったように感じます。それから、自分で言うのもなんですが、他人に対して優しい気持ちを持てるようになったとも感じますね。

外場 普段は何をして過ごされていますか？

高岡 本をよく読むようになりましたし、今は空海に凝っていますので、真言宗の寺の奉仕活動をしたりしています。そうそう、同級生の冤罪事件にも、深く関わっています。

外場 保護者としては珍しく、充実した日々を送られているようですね。これからの高岡さんの人生設計は？

高岡 六五歳になると、一〇万円程度の年金がもらえますので、早く病気を治してどんな仕事でもいいので、年金と給料で保護から脱却したいですね。

外場 前向きな将来設計ですね。自立して、世間を見返してやりましょう！

高岡 ええ、そのつもりでがんばりたいと思っています！

高岡さんは終始、生き生きと話してくれました。やはり保護者は、働いて充実した保護生活を送るべきと、改めて感じさせられました。

高岡さん、ご協力ありがとうございました。

終章

私自身のこと

この最終章ではせんえつながら私自身のことについて、語らせていただきたいと思います。私の半生や生き様は、どうしても保護と向き合い、本書を書いた動機へと結びついてしまうからなのです。

1 保護受給に至るまで

わが家の家系は、けっして由緒正しい家系ではありません。父方祖父は不明です。父方祖母は芸者で、四人の「私生児」を出産しました。そのうち長男は、「夜泣きしていたが、放置していたら翌朝死んでいた」といいますから、今でいう「ネグレクト」による児童虐待死です。私の父である次男は、親族間をたらい回しに預けられ、長女と三男は養子に出されました。祖母は四人の子どもを、自らの手で養育したことはなかったのです。母方の係累ははっきりしていますが、田舎漁港での回船業（港から港へ貨物や旅客を運んで回る船のこと）でした。しかし、敗戦後没落してしまいました。

私は一九五九年、大都市部下町の貧困家庭で、二人兄弟の末子として出生しました。父母は「めし」と大書した看板を掲げた、今では地方の駅前にしかない「大衆食堂」を営んでいました。ときは高度経済成長期でしたが、父母の素人商売だけでは食べていけず、食堂のかたわら父は中古の動力ミシンを買い受けて、下町の地場産業である製靴加工業の内職を始めます。その父は過労による肺炎で、私が中学校三年生のときに急死してしまいました。

母はしばらく、製靴加工業のパートとして生計を立てますが、少なかった貯蓄も尽き、母・兄・私の母子三人家族で、保護を受給することになりました。

ある日私が、福祉事務所で医療券をもらいに行き、歯科受診したところ、医者にぞんざいに扱われ、「保険証も持たずに受診したからそんな扱いを受けるのだ」と、子ども心にも思ったものです。

② 喀血して結核療養所へ入院

中学卒業後、私は公立高校普通科へ進学します。清掃や夕刊配達のアルバイトに精を出したからでしょうか、二学期には喀血して肺結核と診断され、結核専門療養所へ一年半入院することになってしまいました。この一年半の入院時代は、私の人生に影響を与える契機となりました。

肺結核は「贅沢病」ともいわれ、栄養のあるものを食べ寝ているだけでよい、痛みも苦痛もない病気です。当時の結核療養所は今と違って開放的で、午睡時間を除くと、近くの池へ釣りに行こうが夕食後スナックへ飲みに行こうがたいへん寛容でした。私はそこで、酒・タバコ・競馬を覚えました。病棟の患者で、未成年者は私一人きりでした。同棟の患者が面白おかしく、未成年である私をスナックへ連れ出し、競馬を教示してくれるのでした。

当時結核といえば貧乏人の病気で、私はさまざまな下層階級の人々と出会いました。

日雇労働者で独身のにいちゃん、競馬の闇賭博に精を出す在日朝鮮人、戦争中獄中生活を強いられた元共産党員、女子病棟には夜の街で働くおねえさんもいて、夜食を作ってくれたりして可愛がってもらったものでした。今考えれば保護受給しているとしか考えられない人々も少なくありませんでした。

私は暇にまかせて多くの本を読み、エッセイや小説を書いたりして過ごしていました。「朝鮮総連」の専従である患者や、全共闘世代の元活動家の患者から資本主義社会の矛盾や本来の社会のあり方などを教えられ、思春期の私の思想形成に大きな影響を与えてくれました。当時の「管理教育」の枠から外れた療養所での一年半は、世間を客観的に静思しうる場として、感受性の強い思春期の私に反体制的指向がおおいかぶさってきたのでした。

3 貧乏人の子は両極端に走る

貧乏人の子どもは、不遇な境遇を乗り越えひたすら上昇志向に走る者と、不平等社会を呪い非行に走る者とに二極分解します。父のように過労死し、母のように朝から晩まで汗水たらして働きなお保護を受けている人間がいる一方で、たいした汗もかかずに大きな家の池に一〇〇万円もする鯉を放している人間がいるという素朴な疑問から、私は「共産主義」という「非行」に走りました。結核療養所を退院し、一年留年して復学した私は、いっぱしの「共産主義者」気取りでした。私は休日ともなれば、日雇労働者の「寄せ場」で日雇労働組合への支援活動をし、「障害者」運動の支援活動に取り組んでいきました。

当時の担当ケースワーカーは、タバコの臭いのする私をとがめて母にチクりました。私は福祉事務所を訪ね、ケースワーカーに「自分で汗水たらして、バイトした金でタバコを吸って何が悪い」（やっぱり悪いことです！）と、へ理屈をこね、「そもそも資本主義社会という不平等社会が貧困を生み出すのだから、国の責任で保護を受けるのは当然のことだ」とケースワーカーに毒づきました。それを聞いたケースワーカーは、「お宅の息子さん、共産主義にかぶれていますよ」と再度母にチクりました。私は再度福祉事務所を訪ねなければなりませんでした。そしてケースワーカーに、「自分の思想信条に、あんたからとやかく言われる筋合いはない！」（これはまったく正しいことです）と追及しました。ケースワーカーは、「何とひねくれた、可愛げのない保護者の子どもだろう」と、あきれ果てたことでしょう。

④ 夜間大学へ進学

そんな私にも、高校卒業後の進路を決めなくてはならない時期がきました。普通の大学への進学は、経済的事情からしてハナから頭になかった私は、学費も安く昼働き夜学ぶ夜間大学への進学しか考えられませんでした。私の兄もまた、夜間大学へ進学し資格を取って教員になったのでした。

ところが、模擬試験では、夜間大学の偏差値は対象外でした。目標の定まらない私はやみくもに勉強し、三大学七学部の夜間大学を受験せざるをえませんでした。結果は、幸いすべて合格でした。

私が夜間大学へ進学したことで、母は一人家族としてみなされ、母のパート収入だけで生活できうるとのことで保護は廃止となりました。

私は、昼はそば屋の出前持ちをして働き、夜は講義にもろくに出ず学生運動に奔走しました。まさか将来福祉の仕事をすることになろうとも知れず、「反福祉」の立場をとっていました。福祉は資本主義体制という矛盾した不平等社会の補完物であり、体制維持の安全弁としての役割を担うものとしてとらえていたのでした。もし保護という福祉制度がなければ、各地で暴動が頻発し体制を根底から揺るがすことでしょう。

5 公務員となって

夜間大学生としての一年がすぎ、市の現業職員（ブルーカラーの公務員）の採用試験を受け、三人採用の試験に三六〇人が殺到した難関を突破し、試験にたまたま合格することができました。仕事は、今の特別支援学校での教員の下請けのようなものでした。

私が公務員になろうとした半分の動機は、私のような「危険思想」を持った人物を民間企業は採用してくれないだろうし、仮に採用してくれても仕事はやってられないだろうと考えたからです。もう半分の動機は、御用組合が集まった旧「同盟」系の組合より、旧「総評」系の左翼的な組合に憧れ、左翼的労働組合運動をしたいということでした。公務員となった私はさっそく、旧総評系「自治労」傘下の市職員組合で、支部青年婦人部の書記長として急進的な労働運動に取り組みました。

フルタイムの公務員の仕事と、夜間大学との両立に限界を感じた私は、入試もなく誰でも受け入れてくれる、通信制の大学へ編入することにしました。編入に際して必要な夜間大学での取得単位表を見ると、一回生で取得した単位はわずかに四科目一六単位でした。私は夜間大学で、けっして勉強をさぼっていたわけではありません。マルクス主義や差別問題について一般学生以上に熱心に勉強し、実践もしてきたのでした。そもそも「本来の「学問」とはなんぞや」ということです。

通信制大学を卒業し、資格を取得した私は二八歳で一般事務職員への「転任試験」を受け、たっての希望でもあった「障害者施設」の「指導員」になることができました。施設「指導員」の仕事は、「指導」という名のもとに、障がい者を差別抑圧するものでした。以後私は、福祉職場を転々とし、気がつくと公務員時代の半分に相当する二〇年間を「生活保護歴のある生活保護のケースワーカー」として働いたのでした。

さて、本章で、私自身のことについて語らせていただきましたが、私の半生が保護の仕事と通底し、この本を書いた動機と意図をご理解いただけましたでしょうか。

おわりに――厚生労働省の「扶養照会」の見直しをめぐって

拙著をご通読いただいた読者の皆さま、ありがとうございました。

さて、コロナ禍において、会社からの馘首、派遣切り、小売・飲食店舗の倒産が相次いでいます。要保護者でありながら、さらに福祉事務所の門も広く開けられているにもかかわらず、保護受給を拒む方も少なくないと報じられています。第一に扶養義務者への扶養照会をためらう方、第二に資産（とりわけ自動車や生命保険）の処分をためらう方が多いようです。

第一については、菅総理が「扶養照会の見直し」を国会で明言しました。しかし、厚生労働省の「見直し案」は、親族との交流の途絶が一定期間続いていない場合、親族への扶養照会をしないというものですが、その一定期間が二〇年から一〇年に短縮しただけにすぎません。民法八七七条一「直系血族及び兄弟姉妹は、互いに扶養をする義務がある」との前時代的な条文があるかぎり、厚生労働省は扶養照会をしないとは言わないでしょう。

保護者へのアンケートでは、半数以上の保護者が扶養照会に対して「抵抗感があった」と回答しています。私が面接員をしているときも、保護申請受理の寸前になって扶養照会を提案すると、「それなら、いいです」と背を向けて去って行く方も何人かおられました。本書の第10章「「現役保護者」との対談」でご協力いただいた高岡氏に久しぶりに連絡を取ったところ、高岡氏と息子さんとの交流は「壊滅的になってしまった、孫の顔も見られなくなってしまった」とのことでした。高岡氏の親子関係壊滅の責任を、福祉事務所はどう考えているのでしょうか。

民法の「扶養をする義務」は、たんなる努力義務にすぎません。罰則規定は何もありません。もし、あなたに福祉事務所から扶養照会の提案があれば、「それは任意ですか？強制ですか？」と問い返しましょう。面接員やケースワーカーは「強制ではありません」と答えるはずです。あなたは「扶養照会はやめてほしい」と毅然と答えましょう。

本書の第8章③で明らかにしたように、扶養照会は、される保護者も、するケースワーカーもイヤな思いをする「非生産的行為」です。扶養照会を拒否したからといって、保護申請を受理されなかったり、保護を打ち切られたりすることはありません。むしろ面倒な扶養照会をしなくてすむので、ケースワーカーは喜んでくれるはずです。福祉事務所も保護者本人の同意なしには、扶養照会をすることはありません。

読者の皆さん、本書をおおいに活用して、上手に保護申請、保護受給しましょう!

最後になりましたが、拙著を出版するにあたってご指導ご鞭撻いただいた、唯学書房の村田浩司さん以下スタッフの皆さまには心より感謝申し上げます。本当にありがとうございました。

コロナ禍第三波緊急事態宣言下の冬に

外場あたる

外場あたる

一九五九年、関西の大都市圏の下町、貧困家庭で二人兄弟の末子として出生。中学三年生のとき父を病気で亡くし、少ない貯蓄も尽き、死別母子家庭として高校卒業まで生活保護受給。一九八一年、神戸市職員として採用。生活保護のケースワーカーとして二〇年間、児童相談所のケースワーカーとして一〇年間、主に福祉職場で勤務。二〇二〇年、神戸市を退職し、現在に至る。

困ったら迷わず活用
さあ、生活保護を受けましょう!

二〇二一年四月一〇日　第一版第一刷発行

著者　外場あたる
発行　有限会社 唯学書房
〒一一三-〇〇三三
東京都文京区本郷一-二八-三六
鳳明ビル一〇二A
電話　〇三-六八〇一-六七七二
ファクス　〇三-六八〇一-六二一〇
Eメール　yuigaku@atlas.plala.or.jp
発売　有限会社 アジール・プロダクション
ブックデザイン　平澤智正・平澤みのり
印刷・製本　モリモト印刷株式会社

ISBN 978-4-908407-33-8 C0036